한국유아교육학회
유 아 교 육
디딤돌시리즈
7

디지털 네이티브가 태어나다

이연승 서희전 변선주 조경미 지음

양서원

「유아교육 디딤돌 시리즈」를 출간하며

사단법인 한국유아교육학회는 1975년 우리나라 유아교육분야에서 최초로 창립된 학회로 유아교육학의 학문적 연구와 현장교육의 발전을 위해 중요한 역할을 수행해 왔습니다. 한국유아교육학회는 창립 이후 지금까지 정기적인 국내외 학술대회 개최와 국내 및 국제학회지 발간을 통해 회원들 간의 학술적 교류와 소통에 힘쓰고 있습니다. 유아교육의 학문적 정체성 정립을 위해 1995년부터 5년 단위로 '유아교육백서'를 발간해 왔으며, 1996년에는 유아교육학 분야 용어의 학술적 정의를 규정하는 '유아교육 용어사전'을 발간한 바 있습니다. 특히 한국유아교육학회가 그동안 지속적으로 발간해왔던 '유아교육백서'는 우리나라 유아교육분야의 기초 동향은 물론 교육과정과 교사교육, 유아교육재정과 행정, 법률 등의 내용과 그 의미를 분석함으로써 유아교육학 분야의 연구를 위한 중요한 자료가 될 뿐 아니라 정책수립의 기초가 되었습니다. 그러나 최근에는 유아교육학 분야와 관련된 통계나 기초자료에 대한 데이터베이스의 구축으로 인해 그동안 우리 학회가 발간해 왔던 유아교육백서의 내용과 형식에도 변화가 필요하게 되었습니다.

이에 한국유아교육학회는 그동안 출판해왔던 '유아교육백서'의 내용을 다양화하여 유아교육학 분야에서 중요한 개념이나 현상 또는 과제와 관련된 학문적 탐구를 심화시키면서도 현장 실제와의 연계방안을 제시하고자 합니다. 또한 형식 면에서도 여러 주제를 하나의 단행본에 담았던 것에서 나아가 주제별로 심화된 전문서적인 '유아교육 디딤돌 시리즈'로 출판하고자 합니다. 유아교육학의 기초가 되는 주요 개념이나 용어에 대한 기본적이면서도 학술적인 탐색이므로 이 서적의 내용이 바로 유아교육학 이해의 기초가 되며, 디딤돌이 된다는 의미에서 '유아교육 디딤돌 시리즈'로 이름 짓게 되었습니다. 앞으로 한국유아교육학회에서 유아교육 디딤돌 시리즈로 출판하고자 하는 주제는 수없이 많습니다. 기질, 민감성, 상호작용, 상상놀이, 문제행동, 유아중심, 부모, 교사, 우리 전통문화 등과 같은 주제는 우리 학문분야에서 중요하고 익숙하면서도 정리가 필요한 개념이기도 하고, 현장 교육 실제와의 연계가 필요한 것이기도 합니다.

이와 같은 작업의 일환으로 한국유아교육학회는 '디지털 네이티브가 태어나다'를 출판하게 되었습니다. 이 책은 국가수준 유치원 교육과정에서 디지털 네이티브의 의미와 디지털 페어런팅, 디지털 역량과 디지털 리터러시, 4차 산업혁명 시대의 학습 환경 변화와 교육적 접근, 유아를 위한 디지털 미디어 환경 조성 등에 대한 내용을 담고 있습니다. 이번 디딤돌 시리즈를 집필하며 저자(이연승, 서희전, 변선주, 조경미)들은 주제 연구와 원고작성, 토론의 과정을 반복하며 의미 있는 결과물을 만들어내기 위해 무수한 숙고의 과정을 거쳤습니다.

온전하게 한 주제에 천착한 연구물을 모은 '유아교육 디딤돌 시리즈'는 대학이나 대학원에서 유아교육을 공부하는 후학들에게는 물론 많은 연구자와 현장 전문가들에게도 도움을 줄 것으로 기대합니다. 이후에도 학회에서는 학회 회원 여러분들을 대상으로 한 과제 공모를 통해 계속해서 많은 주제를 발굴하고 논의를 심화시켜 디딤돌 시리즈를 지속적으로 출판할 것입니다. 마지막으로 이 책 시리즈를 기획하는 과정에서 노고를 아끼지 않았던 사단법인 한국유아교육학회 기획부의 노고에 감사드립니다. 아울러 한국유아교육학회의 연구물 발행을 위해 모든 노력을 아끼지 않고 도움을 주신 박철용 회장님과 양서원에도 감사드립니다.

2020년 봄
22대 사단법인 한국유아교육학회
회장 김 경 철

차 례

머리말

수천 년 전에 알파벳이 발명됐을 때 철학자들은 이 새로운 의사소통 수단이 인간의 기억력에 악영향을 미칠 것이라고 보았다고 한다. 알파벳의 발명으로 인해 머리로 기억하는 것을 중요시하던 구술문화에서 문자문화로 전환되면 인간의 기억력이 쇠퇴할 수 있지 않을까라는 걱정이었을 것이다. 그런데 지금에 와서 살펴보면 과연 글을 쓰고 읽는 것이 문명의 몰락을 불렀다고 주장할 사람이 있을까? 반대로 생각해볼 때, 만약에 문자가 없었다면 과연 인류가 지금의 모습으로 진보할 수 있었을까? 새로운 변화를 맞이할 때마다 사람들에게는 정체를 알 수 없는 어떠한 불안감이 있는 것 같다. 실제로 미래사회 조사 결과에 따르면 향후 다가올 사회를 바라보는 사람들의 태도에는 기대감과 불안감이 공존하는 것으로 나타났다. 불안감은 주로 가공할 만한 신기술의 충격과 없어질 일자리 문제에서 비롯되는 것으로 분석됐지만 사실은 내면 깊숙이 뿌리한 부정적인 두려움을 어떻게 피할 것인가에 대한 불안감이 더 크다고 볼 수 있다.

사실 디지털 네이티브(Digital Native) 세대인 아이들이 부모 세대보다 집중력이 떨어진다거나, 자신의 삶을 주체적으로 살아가지 못한다는 여타의 걱정에 대한 구체적인 증거는 발견되지 않는다. 그러니 디지털 사회로 전환된 현재 시점에서 디지털 기기로 둘러싸여 살아가는 아이들에 대해 걱정하기보다는 온라인 세상에서 일부러 우리의 주의를 끌려는 목적으로 만들어진 정보와 기술 등의 것들을 걸러내는 안목을 길러주는 편이 훨씬 낫다.

이에 본서는 디지털 네이티브(Digital Native)인 유아를 양육하고 교육하는 부모 및 교사에게 디지털 페어런팅(Digital Parenting)의 관점에서 현재의 문화를 살펴볼 수 있도록 안내하는 것에 초점을 두고 서술하였다.

독서 습관을 들이기 위해 어릴 때부터 책과 친숙한 환경을 만들어주는 것처럼 디지털 미디어 역시 자연스러운 문화의 한 흐름으로 접근해야 한다. 지금 자라는 아이들은 우리가 상상하지 못한 새로운 방식으로 보고, 듣고, 생각하고, 표현하며 디지털 세상을 살아가게 될 것이다. 이러한 환경에서는 통제가 답이 아니라고 본다. 아이를 무균실에 가두어놓고 키울 수 없다면 세상의 변화를 어떤 관점으로 받아들이고, 똑똑하게 바르게 볼 것인지를 가르쳐야 할 것이다. 디지털 매체를 사용하면서도 동시에 아이에게는 '자기조절력'을 가지도록 가르칠 수 있는 절호의 기회로 삼는 태도가 필요하다. 디지털 미디어 그 자체가 아이에게 무조건 유해하기만 한 것은 아니며 긍정적인 측면도 많다는 것이 본서의 저자 모두가 강조하는 바이다. 이에 본서를 통하여 디지털 리터러시 함양의 필요성, 디지털 미디어의 긍정적인 영향을 연구한 국내외의 다양한 자료 및 사례를 제시하며 디지털로 세상을 바라보는 아이들을 돕기 위한 방법, 유아를 위한 디지털 미디어 환경 조성에 대한 아이디어를 제안하고자 한다.

디지털 네이티브가

CHAPTER 1

태 어 나 다 !

디지털

네이티브가

태어나다!

디지털 유목민 부모와 디지털 네이티브 자녀

"아이가 아직 말을 할 줄 모르는데, 벌써부터 스마트폰을 너무 좋아해요. 요즘은 미디어에 노출되는 빈도가 워낙 많다 보니 앞으로 아이를 어떻게 키워야 할지 너무 고민이 돼요!"

수원시, 2세 4세 엄마, 유치원 교사

"디지털 기기는 더욱 더 다양해지고 있는데, 미래 사회를 살아가야 할 우리 아이에게 제가 해줄 수 있는 최선이 뭔지 모르겠어요!"

인천광역시, 3세 엄마, 유아교육과 교수

"디지털 매체도 하나의 수단이라고 생각해요. 그림책이든, 로봇이든, 핸드폰이든 부모가 함께 상호작용해 준다면 문제 없지 않을까요?"

서울특별시, 2세 엄마, 교육공학자

'디지털 네이티브'. 4차 산업혁명, AI 시대, 메이커 교육 등과 함께 요즘 많이 접하게 되는 단어 중 하나이다. 디지털 네이티브(Digital Native, 디지털 원주민)는 미국 작가이자 교육연설가인 마크 프렌스키(Marc Prensky)가 2001년에 온 더 호라이즌(On the Horizon)에 기술하면서부터 대중적으로 사용되게 되었다. 디지털 네이티브는 1990년대 중반 이후에 태어난 사람들을 일컫는 용어로 디지털 원주민 또는 Z세대라고 불리기도 한다. 디지털 네이티브를 키우는 부모는 출생연도를 기준으로 디지털 유목인, 밀레니얼 세대, Y세대라 칭해지고 있다. 출생시기를 기준으로 X세대, Y세대, Z세대를 살펴보면 다음의 표 1-1과 같다.

표 1-1 X, Y, Z세대별 특징

세대구분	X세대	Y세대 (밀레니얼 세대)	Z세대
	디지털 이주민	디지털 유목인	디지털 네이티브
출생 시기	1960년대 중반~ 1970년대 후반	1980년대~ 1990년대 중반	1990년대 중반~ 2000년대
사회적 특징	개인주의 탄생	청년과 실업 YOLO(욜로)	다양성 중시 편견 없음
상징적 디지털 기기	삐삐, 워크맨	스마트폰, 태블릿 PC	사물인터넷(IoT)

출처: 삼성전기 공식블로그 http://www.semstory.com/

위 표를 통해 살펴볼 때 우리가 영유아교육기관에서 만나는 아이들은 Z세대로 디지털 네이티브에 해당되고 부모들은 대부분 디지털 유목인인 Y세대이므로 이들의 특성을 살펴보도록 하자.

우선, 디지털 네이티브 Z세대에 대해서 살펴보면 1990년대 중반 이후에 출생한 사람들로 포스트 밀레니얼 세대(Post-Millennial) 또는 i-세대(i-Generation)로 불린다. 디지털 언어를 자유자재로 사용하는 디지털 네이티브, Z세대는 급속한 디지털 생활 환경의 변화 속에서 탄생되었다. 이들은 디지털 환경 속에서 태어났기 때문에 X, Y 등 다른 세대와는 달리 아날로그 시대에 대한 직접적인 경험이 거의 없다. CEO 리포트에 따르면,[1)*] 미국의 디지털 네이티브 대졸자들의 성장 환경은 기성세대와는 완전히 다르다. 살아오면서 20만 개 이상의 이메일과 인스턴트 메시지를 주고받았으며 50만 개 이상의 광고를 접했고 2만 시간 이상 TV를 시청했다. 비디오 게임 하는 데만 1만 시간 이상, 휴대폰 사용에는 1만 시간을 보냈다. 이러한 성장 환경은 디지털 네이티브가 기존의 세대와 완전히 다른 두뇌구조 즉, 두뇌 내에서 정보를 처리하는 다른 경로를 가지도록 하였다. 마크 프렌스키는 이러한 기술의 발달로 사고 및 정보 처리 방법뿐만 아니라 아이들의 학습방법 또한 기성세대와 달라졌다고 하였다. 이에 디지털 네이티브 Z세대의 새로운 학습 방식에 맞춰 교육 제도가 변화되어야 하고, 디지털 이주민 또는 디지털 유목인 부모와 교사들은 그 변화를 따라잡아야 한다고 주장하였다.[2)]

한편, 30대 이상의 Y세대는 개인용 컴퓨터, 인터넷, 스마트폰 등을 자유자재로 사용한다는 측면에서는 Z세대와 유사하지만, 마치 한국인이 영어로 말할 때 한국어 억양이 남아 있듯이

* 본 서의 참고문헌은 장별 미주로 처리하되 하나의 참고문헌이 계속 인용되는 경우는 같은 번호를 사용하였다.

Y세대는 디지털 언어를 구사할 때 아날로그 시대의 흔적이 그대로 남아 있는 세대이다. 이에 Y세대는 디지털 언어 습득과 활용 측면에서 디지털 언어를 모국어처럼 자연스럽게 사용하는 Z세대와 차이를 보인다. 또한, Y세대는 소셜 네트워크 서비스 이용을 즐기지만 사생활 보호 측면에서도 Z세대와 차이를 보인다. Z세대는 사생활 보호에 더욱더 민감하게 반응하는 특성이 있으므로, Y세대 부모는 개인 정보와 인터넷을 사용하면서 남기게 되는 '디지털 발자국(digital footprint)' 관리에 더욱더 관심을 가지고 Z세대 자녀가 인터넷을 안전하게 사용할 수 있도록 도와야 한다.[3] 인터넷상에서 이용자의 동의 없이 사진 또는 정보의 공유가 많이 이루어지고 있는데, 인터넷을 사용하면서 누릴 수 있는 혜택은 극대화하고 위험은 최소화하기 위해 이와 관련된 부모교육도 필수적으로 이루어져야 할 것이다.

현시대는 Y세대 부모와 Z세대 아이 모두 태블릿 PC나 스마트폰 같은 기기를 자기 몸의 일부처럼 사용하고 있기에 마크 프렌스키는 디지털 혁명이 최고조에 달했다고 하였다. 미국의 경우, 2~4세 아이들이 스크린 앞에서 보내는 시간은 하루에 평균 1시간 37분이고 8~10세가 되면 2시간 36분으로 늘어나는 등 연령이 높아질수록 디지털 미디어 사용 시간이 늘어난다. 이는 읽기 능력이 향상되면서 정보를 처리하는 능력과 컴퓨터와 스마트폰, 태블릿 PC를 사용하는 능력이 급격히 향상되기 때문이다. 1980년대 초반에서 1990년대 중반에 태어난 Y세대 부모들도 TV를 보면서 동시에 인터넷 검색하는 시간을 포함하면 평균

적으로 하루 18시간 동안 미디어를 사용하고 있다고 한다.[4)]

우리나라도 마찬가지이다. 0~3세 영유아 영상매체 시청 및 부모의 영유아 자녀 영상매체 시청 지도 행동 실태 조사에 의하면, 만 3세 미만 영유아의 부모들은 아이들에게 주로 TV와 비디오, DVD, 컴퓨터 및 스마트폰을 이용하여 유아용 또는 교육용 영상물을 보여주고 있었다. 영상매체를 이용하는 영유아 중 약 38%는 생후 11개월 미만부터 사용하기 시작하였으며, 1일 평균 영상매체 이용 시간은 2시간 40분으로 미국 영유아보다 높은 것으로 나타났다.[5)] 우리나라 영유아들의 스마트폰 이용률은 53.1%였으며 처음 접하는 시기는 평균 2.27세였다. 부모의 스마트폰 이용이 많을수록, 최초 이용 시기가 빠를수록 스마트폰 이용 시간은 더 많은 것으로 분석되었다. 주중에는 하루 평균 31.65분 정도, 주말에는 하루 평균 39.05분 정도 이용하는 것으로 조사되어 영유아 대부분 하루 10~40분 정도 이용하며 심지어 하루 1시간 이상 스마트폰을 사용하는 영유아가 9.5%나 차지하는 것으로 나타났다. 또한 2010년경 우리나라에 스마트폰 보급이 확산된 이후로 스마트폰을 처음 접하는 시기가 해마다 점점 빨라져 평균 스마트폰 이용 시간은 영아가 유아보다 더 많은 것으로 나타났다.[6)] 이처럼 우리 주변의 돌 정도 된 많은 수의 아기들이 손가락으로 스마트폰의 화면을 켜고 앱을 움직이고 있다. 예전에는 아기들의 손이 인형을 향해 있었다면 디지털 네이티브 아기들의 손은 부모의 스마트폰을 향해 있는 것이다.

컴퓨터 분야의 개척자 앨렌 케이(Allen Kay)는 "첨단기술은 당신이 태어난 이후에 발명된 기술"을 의미한다고 하였다.[7] 우리는 첨단매체라고 하면 스마트폰, 컴퓨터, 로봇 등을 떠올리지만, 놀랍게도 크레파스와 수채화 물감이 첨단매체였던 시절도 있었다. 크레파스와 수채화 물감은 우리의 삶 속에 자연스럽게 일상적으로 사용하는 매체가 되었기 때문에 지금은 그 누구도 크레파스와 수채화 물감을 첨단매체라고 하지 않듯이, 오늘날 디지털 네이티브에게는 노트북과 스마트폰이 더 이상 첨단매체가 아니다. 그저 크레파스와 수채화 물감 같은 일상적인 도구일 뿐인 것이다. 라디오는 이용자 5,000만 명을 돌파하는 데 38년이 걸렸고 텔레비전은 13년 걸렸다. 인터넷은 4년, 아이폰은 3년, 포켓몬고는 겨우 19일 만에 그 수에 도달했다고 한다.[8] 앞으로 새로운 매체를 흡수하는 속도는 더 빨라질 것이고 그 엄청난 속도 속에서 어른들은 때로는 아이들보다 뒤처지는 느낌도 받을 것이다. 태어나면서부터 디지털 매체를 가지고 놀았던 우리의 디지털 네이티브들은 새로운 매체에 대한 거부감 또한 없다. 그렇기에 우리가 가져야 하는 고민은 어떻게 사용하는지가 아니라 어떻게 하면 '유익하게' 사용할 수 있도록 돕는가일 것이다. 첨단기술 또는 첨단매체를 능숙하게 사용하는 것도 중요하지만 지혜롭게 사용하는 것이 더 중요한 세상이 된 것이다.

디지털 미디어는 개인적 흥미와 관심뿐만 아니라 또래집단의 문화에 소속되기 위한 매개체가 되기도 한다. 영유아 스마트폰 노출 실태 연구에 따르면,[6] 부모들이 영유아 자녀에게 스마트폰을 허용하는 주된 이유는 자녀가 좋아하고(70.9%) 또래

와의 공감대 형성을 위해 필요(12.5%)하기 때문이었다. 이런 상황 속에서 디지털 네이티브인 우리 아이들이 안전하게 그리고 즐겁고 지혜롭게 디지털 미디어를 사용하며 살아가기 위해서 부모는 어떻게 해야 할까? 이는 결코 쉬운 일이 아니다. 그러나 어렵게만 생각할 문제도 아니다. 크레파스를 사용하는 미술 활동과 유사하게 생각해 보면 된다.

가정에서 아이들에게 크레파스를 제공할 때 아무 곳에나 그림을 그리도록 하지 않을 것이다. 사용하기 전에 어디에 그려야 하는지, 크레파스를 어떻게 사용해야 하는지, 사용하고 난 후에는 어떻게 정리해야 하는지에 대해서 아이와 충분히 이야기를 나눈 후 약속을 정할 것이다. 그리고 크레파스로 그림을 그리는 동안에는 그림과 관련된 경험과 생각을 나누며 상호작용한다. 디지털 미디어 교육도 마찬가지다. 아이를 위한 미디어 이용에 대한 교육도 따뜻하고 현명한 원칙 속에서 이루어져야 한다. 아이가 현재와 미래에 직면하게 될 온갖 도전을 슬기롭게 헤쳐나갈 수 있도록 돕기 위해서는 아이와 미디어의 관계에 대해 보다 현실적이고 종합적으로 이해할 필요가 있다고 데이비드 버킹엄(David Buckingham)이 이야기했듯이, 우리는 디지털 미디어의 부정적인 측면보다는 긍정적인 측면을 바라보며 아이들이 건강하고 생산적인 방식으로 미디어와 관계를 맺을 수 있도록 도와주어야 한다.[9]

디지털 네이티브를 위한 디지털 페어런팅

『디지털 시대, 위기의 아이들』이라는 책[10]에서, 자녀의 미디어 사용 가정환경이 완전히 다른 두 가정을 소개하고 있다. 일라이는 자녀들을 디지털 매체로부터 차단한 반면 아이번은 마음껏 사용할 수 있도록 하였다. 구체적으로 살펴보면, 일라이 집의 한 대뿐인 컴퓨터에는 유해 콘텐츠 차단 프로그램이 설치되어 있고 인터넷은 사용할 수 없고 케이블 방송은 볼 수 없다. 반대로 아이번의 집에는 최신 텔레비전이 있고 아이들은 각자의 노트북과 휴대폰을 가지고 있으며 자유롭게 사용할 수 있다. 때로는 온 가족이 폭력적인 비디오게임을 함께 하기도 한다. 얼핏 생각하기에 두 가정의 자녀들 모습은 상당히 다를 것 같지만 일라이와 아이번의 자녀들은 모두 생각이 깊고 영리하며 창의적이다.

여기서 우리가 유추할 수 있는 것은 가정의 미디어 환경 즉, 디지털 기술 또는 매체를 많이 사용했는가 여부는 자녀의 성장 및 발달에 큰 영향을 미치지 않는다는 것이다. 중요한 것은 부모가 얼마나 적극적으로 자녀와 어울리며 상호작용했는가라는 것을 알 수 있다. 디지털 미디어에 대한 가정 내 규칙이 어떻게 정해져 있는가와 상관없이 아이들이 건강하게 성장함에 있어 가장 큰 영향을 미치는 요인은 결국 "부모와 자녀의 관계"인 것이다. 그러므로 디지털 네이티브를 위한 디지털 페어런팅을 이야기하기 전에 각 가정에서 자녀와 얼마나 온전히 소통하고 있는지를 먼저 점검할 필요가 있다. 부모와 자녀 간의 따뜻한 관계를 토대로 현명하고 일관성 있는 디지털 페어런팅이 이루어져야 하는 것이다.

다음으로는 디지털 네이티브에게 큰 영향을 미치는 요인인 가정의 디지털 미디어 환경과 부모의 태도를 살펴볼 필요가 있다.

첫째 디지털 미디어 가정환경을 점검해 보자. 노스웨스턴대학교에서 이루어진 연구를 살펴보면,[11] 고미디어형, 중미디어형, 저미디어형의 세 가지 부모유형으로 구분된다. 고미디어형 부모는 스크린을 중심으로 가정환경을 조성하고 텔레비전을 보지 않을 때에도 켜둔 채 다른 일을 한다. 부모와 아이들이 함께 콘텐츠를 시청할 때가 많으며 심지어 아이들 방에도 텔레비전이 있다. 이 유형의 자녀들은 하루 약 5시간씩 스크린을 이용한다. 중미디어형 부모는 미디어를 좋아하지만 다른 가족들과의 공동생활도 중요시하기에 자녀들이 스크린 앞에서 보내는 시간은 하루 3시간 정도이다. 저미디형 부모는 하루에 1시간 미만으로 텔레비전을 보고 이 유형의 자녀들도 1시간 35분 정도로 스크린을 사용하는 시간이 적은 편이다. 우리는 이 세 가지 유형 중 어떤 유형에 속하는가?

둘째, 일상생활 속 디지털 미디어에 대한 부모의 태도를 점검해 보자. 부모와 자녀의 디지털 미디어 사용 패턴은 깊은 관련성이 있으므로 자녀들의 올바른 미디어 사용 습관을 위해서는 부모 자신의 일상적인 태도를 스스로 살펴볼 필요가 있다. 요즘 거리에 나가면 유모차 앞에 스마트폰을 부착하고 다니는 부모들, 음식점에서 어른들이 식사할 동안 아이에게 스마트폰으로 유튜브 동영상을 보여주는 부모들을 종종 만나게 된다. 부모들은 왜 영유아 자녀에게 스마트폰을 보여주는 걸까?

부모의 영상매체 시청 지도 행동 실태 조사결과, 가장 큰 이유는 아이가 영상매체를 보는 동안 미처 다하지 못한 가사 일을 하거나 휴식을 취할 수 있기 때문이었고 그 다음은 단순히 아이가 재미있어하기 때문이라고 하였다. 또한 교육 목적으로 디지털 미디어를 제공하기도 하지만 특별한 동기 없이 그냥 틀어주거나 외출 시 돌아다니지 않도록 하기 위해서, 아이와 어떻게 놀아줘야 할지를 몰라서인 경우도 조사되었다.[5] 이처럼 현대사회에서 디지털 미디어는 양육에 지친 부모를 돕는 육아도우미가 되고 있는 것이다. 부모들은 아이를 키우며 급한 상황에서 스마트폰을 사용하게 된다고 말한다. 그러다 보니 어떤 날은 아이에게 꽤 장시간 스마트폰을 허용하게 되고 또 어떤 날은 아이가 스마트폰을 요구해도 차단하는 등 그때 그때 상황에 따라서 원칙과 일관성 없는 교육으로 부모 자신뿐만 아니라 아이까지도 혼란스럽게 하고 있다. 그러나 미디어를 급한 상황에서 일시적으로 아이를 달래기 위한 수단으로 습관적으로 사용해서는 안 된다. 어떻게 놀아줘야 할지 몰라서 아이가 달라는 대로 스마트폰을 주거나 음식점 등 외출 시 놀아달라고 칭얼거리는 아이를 잠시 조용히시키기 위해서 습관적으로 스마트폰을 계속 주다 보면, 아이는 스마트폰 없이는 조용히 하지 못하고 스스로 집중할 수 없게 될 것이다.[9] 따라서, 거듭 강조하고 있지만 원칙을 세우고 그 원칙을 일상생활에 적용하여 일관성 있게 디지털 미디어를 사용하도록 하는 것이 중요하다. 그러나 안타깝게도 육아정책연구소에서 영유아의 스마트폰 노출 실태를 조사한 결과,[6] 부모들은 가정에서 스마트폰 사용에 대한 일정한 규칙 없이 일관되지 않은 교육을 하고 있는 것으로 나타났다. 자녀의 스마트폰 사용 기간이나 사용 가능 프로그램 등 가정 내 규칙 여부에 대한 질문에 52.8%는 '규칙이 있다'고 응답하고 47.2%는 '규칙이 없다'고 응답함으로써 절반 정도의 가정만이 가정 내에 스마트폰 이용 관련 규칙을 가지고 있는 것으로 분석되었다. 이에 조사 대상 부모 중 영아기 부모 85.7%와 유아기 부모 91.4%가 자녀 미디어 매체 이용 관련 부모교육의 필요성을 느끼고 있었다. 이처럼 오늘날 우리는 생활 속에서 디지털 미디어 매체를 사용하고 있음에도 불구하고 디지털 유목인 부모의 대다수는 디지털 네이티브 자녀들이 '유익하게' 사용할 수 있도록 어떻게 도와줘야 하는지 모르고 있는 것이다. 적절한 교육의 부재는 부모들의 일관성과 원칙 없는 교육 즉, 노출을 많이 시키거나 아예 노출 및 이용을 허락하지 않는 상황을 발생시킨다.

그렇다면, 디지털 미디어의 부작용이 걱정되어 디지털 단식을 하며 아날로그 방식으로 교육을 하는 것이 더 바람직할까? 우리 아이들은 디지털 네이티브이며 로봇, 빅데이터, 인공지능 등 4차 산업혁명 시대를 살아가는 세대임을 잊지 않아야 한다. 원칙 없이 무한정 허용과 엄격한 통제 사이에서 갈팡질팡하는 방황을 멈추고 현명하고 슬기롭게 디지털 페어런팅을 해 나가면 된다. 처음부터 완벽할 수는 없다. 부모가 디지털 네이티브의 특성을 이해하고 자신의 디지털 미디어 습관 및 양육 방식을 반성적으로 바라보면서 꾸준히 노력해 나가면 되는 것이다. 중요한 것은 앞서 두 가정의 사례를 통해 통찰했듯이, 부모와 자녀 간의 따뜻한 상호작용적인 관계이다.

'디지털 네이티브를 위한 디지털 페어런팅, 어떻게 해야 하는가?'라는 질문과 함께 초등학교 입학 전 아이들 대상 디지털 미디어 매체 사용에 대한 원칙을 정할 때 우리를 혼란스럽게 하는 것은 이와 관련된 다양한 견해일 것이다. 디지털 미디어 매체는 영유아의 발달에 해롭기 때문에 사용하지 않아야 한다는 견해와 영유아를 위한 다양한 교육용 앱은 발달에 도움이 된다는 견해가 상업용 달콤한 광고와 함께 혼재되어 있어 우리의 판단을 더욱더 어렵게 한다. 학부모의 70%가 구글, 애플, 마이크로소프트 제작자로 최고의 IT 전문가의 자녀들이 다니는 실리콘밸리의 발도로프 학교에서는 컴퓨터 등 디지털 기기를 사용하지 않는다는 정보를 접할 때와 고가의 디지털 기기가 아이의 발달 및 학습에 도움이 된다는 정보를 접할 때, 부모들은 디지털 네이티브인 우리 아이를 어떻게 양육해야 하는지 갈팡질팡하며 고민하게 되는 것이다. 각 가정마다 부모의 양육관이나 교육철학이 다르므로 획일적으로 어떤 답을 제공할 수는 없지만 영유아의 발달 및 학습특성[12][13]을 이해하고 정리해 두면 원칙을 세우는 데 도움이 될 것이다.

출생 후 0~3세는 아이들의 뇌가 폭발적으로 발달하는 시기이다. 생후 10개월쯤 되면 아이의 뇌는 주변환경이 주는 영향에 적응하고 그에 따라 미래에 지식을 축적할 수 있는 기반을 만든다. 생후 1년 정도가 지나면 비로소 타인을 보고 배울 수 있다는 신호를 보내기 시작하고 2세 정도에는 기본적인 의사소통을 위한 언어 발달 및 학습이 활발히 이루어진다. 태어나서 3세까지는 뇌의 기본골격과 회로를 만들어가는 중요한 시기이기 때문에 눈으로 보고, 귀로 듣고, 손으로 만지고, 코로 냄새 맡고, 입으로 맛볼 수 있는 오감각 활동과 다양한 운동 및 신체자극놀이가 필요하다. 이 시기의 아이들은 스크린이 아니라 현실에서 볼 때 즉, 자신의 오감을 통해 직접 경험할 때 학습효과가 가장 크다. 구조화되지 않는 놀이를 자유롭게 할 때 언어와 인지 능력 및 사회적 정서적 기술을 발달시킬 수 있다. 물론 스크린이 아이에게 순간적인 집중과 즐거움을 제공해 줄 수는 있지만 균형 있고 건강한 뇌 발달을 위해서는 주변 사람들의 목소리, 표정, 몸짓, 언어 등을 통해 세상을 알아갈 수 있도록 해야 한다. 영유아의 뇌는 적절한 자극을 통해서 발달하며 스마트 미디어 매체를 통해 과잉자극 또는 부적절한 자극을 받을 경우에는 오히려 손상될 수가 있다. 특히 영아기처럼 몸을 마음대로 움직이지 못하는 시기에 스마트폰, TV, 컴퓨터, 태블릿 PC 등 스크린에 많이 노출되면 뇌 전체 용량은 커지지 못한 채 특정 기능만 발달하고 뇌 발달 속도가 느려져 결국 이후 학습능력에 부정적인 영향을 미칠 우려가 있다.

미국 소아과학회[14]는 18~24개월보다 더 어린 영아는 영상통화를 제외하고는 디지털 미디어 매체에 노출시키지 말아야 한다고 권고하고 있다. 18~24개월 정도의 연령이 되었을 때 디지털 미디어 이용을 도입할 수 있다고 하며, 양질의 프로그램을 선택하여 부모와 함께 보는 것을 권장하고 있다. 부모 없이 아이 혼자 사용하는 것은 바람직하지 않지만, 짧은 시간 동안 부모와 함께 충분한 상호작용을 하며 사용하는 것에 대해서는 죄책감을 가지지 않아도 될 것이다.

2~5세 유아들의 경우에는 질 높은 프로그램을 하루에 한 시간 정도로 제한하고 자녀와 함께 시청한 후 아이가 보고 있는 것을 이해하고 학습한 것을 자신을 둘러싼 세계에 적용해 볼 수 있도록 도와줄 것을 권장한다. 아이들이 이해할 수 없는 프로그램과 주의 산만한 내용 또는 폭력적인 내용으로 구성된 앱은 피하도록 하고 있다. 또한 아이 방에는 미디어 기기를 두지 않아야 하며, 사용하지 않을 때에는 텔레비전과 그 밖의 다른 기기들은 모두 전원을 끄고 잠자기 1시간 전에는 최대한 스크린을 보여주지 않도록 당부한다.

종합하면, 직접 오감을 통해 세상을 알아나가는 것이 바람직하므로 너무 어린 나이에는 디지털 미디어 매체에 노출되는 것은 적절하지 않지만 2~5세 유아들이 1시간 이내로 질 높은 텔레비전 프로그램이나 스마트폰 프로그램을 부모와 함께 상호작용하며 보는 것은 괜찮다는 것을 알 수 있다. 또한 부모의 편의에 의해 제한 없이 디지털 미디어 매체를 주는 것은 영유아 발달 관련 부정적인 결과를 초래하지만, 원칙을 정해두고 장거리 이동과 같은 특정 상황에서 제한된 시간 동안 제공하는 것은 무방하다고 한다. 아이가 지루해하거나 힘들어하는 상황에 약간의 도움을 제공하는 것은 괜찮다는 뜻이다. 이때 아이의 시력과 바른 자세를 고려하여 시청 후에는 잠시 쉴 수 있도록 배려해야 한다는 것은 기억해야 한다. 한 가지 덧붙인다면, 가정에서 스마트기기 프리(free) 지역을 정해보아도 좋을 것이다. 부모가 스마트폰을 사용하는 모습을 보여주면 아이들은 호기심에 사용하고 싶은 마음이 생기기 마련이다. 그래서 부모의 협의 아래, 거실 또는 아이 방같이 아이가 많은 시간을 보내는 곳에서는 스마트폰을 사용하지 않으면 어떨까 제안해본다.

모든 교육이 그러하듯 미디어에 대한 올바른 이해와 활용을 위한 미디어 교육 역시 가정에서부터 시작된다. 아이들의 미디어에 대한 이해는 가르쳐주지 않아도 저절로 이루어지게 된다고 생각하지만, 미디어 교육도 자녀의 발달 특성과 성장 단계에 맞추어 큰 그림을 그려보는 것이 좋다. 3세 이전 아이들의 경우, 부모가 올바른 원칙을 가지고 적절히 지도하면 디지털 미디어 관련 올바른 습관을 형성할 수 있고 잘못된 습관도 수정하기 쉽다. 그러나 4세 이후에는 자아도 강해지고 선호하는 프로그램이 생겨 부모의 통제를 점점 벗어나려는 경향을 보인다. 이 시기 아이들을 위해 만들어진 프로그램 또한 교육보다는 재미 또는 오락을 추구하는 경향을 보여 통제가 점점 더 어려워진다. 아이가 커갈수록 부모는 자녀에게 일방적인 원칙을 제공하기보다는 왜 그 프로그램을 좋아하는지를 이해하고 함께 대화하려는 노력을 기울여야 할 것이다. 또한 아이와 함께 충분한 대화를 토대로 디지털 미디어 사용 관련 약속과 규칙을 만들고 적절한 칭찬과 보상을 통해 자율적으로 지키고 습관화할 수 있도록 해야 할 것이다.[9)]

디지털 페어런팅 원칙 세우기

그렇다면, 디지털 페어런팅 원칙을 어떻게 세워야 할까? 부모의 철학 및 양육관, 신념 등에 따라 다르겠지만 전문가 의견을 토대로 꼭 포함시켜야 할 중요한 기준을 정리해 보면 다음과 같다.[15)]

- 18개월 이전에는 영상물에 노출되지 않는 것이 좋고 18~24개월 이후부터는 부모의 판단과 함께 디지털 기기를 사용하는 것이 바람직함
- 부모의 필요에 의해 습관적 또는 임시방편용으로 인터넷을 사용해서는 안 됨

- 발달수준을 고려하여 영유아를 위해 제작된 수준 높은 콘텐츠를 잘 선정하여 보여주어야 함
- 아이 혼자 인터넷을 사용하기보다는 아이와 상호작용하면서 영상을 보거나 조작하는 것이 필요함
- 아이가 좋아하는 영상이나 게임의 요인을 이해하고 아이와 의논하며 규칙을 정해야 함. 또한 정해진 규칙은 아이와의 지속적인 대화를 통해 조율, 수정해야 함
- 잠들기 1시간 전, 식사 중 등 특정 시간에 대한 분명한 제한이 필요하고 일관성 있는 지도가 필요함
- 아이뿐만 아니라 부모 자신의 인터넷 사용 습관 점검도 필요하며 가족 모두가 인터넷 사용 없이 소통하는 시간을 갖는 규칙을 만드는 것이 좋음
- 거실, 아이방 등 디지털 디톡스 공간을 만들어 특정 공간에서는 인터넷을 사용하지 않는 규칙을 만드는 것도 도움이 됨

가족의 규칙을 만들 때에는 아이의 약속, 부모의 약속, 가족 모두의 약속을 만드는 것이 좋다. 아이의 약속에는 인터넷을 사용하기 전에는 엄마나 아빠에게 먼저 물어보기, 모래시계가 내려가는 만큼 인터넷 사용하기 등이 있고, 부모의 약속에는 아이와 이야기하는 시간에는 인터넷 멀리하기, 집에서는 스마트폰은 멀리두기 등을 정해볼 수 있다. 또 가족 모두의 약속에는 식사시간에는 대화를 나누기, 스마트폰 화면을 보면서 이야기하지 않기 등 부모와 아이들이 함께 정해보는 것이 좋다.

한꺼번에 규칙을 많이 만들기보다는 쉽게 도전해 볼 수 있는 쉬운 규칙으로 시작하여 아이와 대화를 나누면서 점차 늘

리는 것이 바람직하다. 냉장고나 벽 등 가족공동영역에 붙여 놓고 스티커를 붙이며 얼마나 잘 지켰는지 분석해 보고 아이와 부모가 못 지켰을 때는 이유는 무엇인지 대화를 나눌 수 있다. 이러한 과정을 통해 규칙을 수정해 나가면, 가족 모두가 지킬 수 있는 규칙을 만들 수 있다. 부모에 의해 일방적으로 만들어진 규칙은 잘 적용될 수 없다는 것을 명심해야 한다. 부모는 정해진 규칙이 반복을 통해서 아이들에게 좋은 습관이 될 수 있도록 도와주어야 한다. 보통 규칙이 쉽게 깨지는 가장 큰 원인은 부모가 자신의 필요에 의해서 디지털 기기를 쉽게 허락하고 자신의 걱정에 의해서 갑작스럽게 뺏기 때문이다. 그래서 규칙을 중심으로 한 일관성 있는 교육이 중요한 것이다. 부모와의 상호작용이 잘 될수록, 일상생활에서 부모에게 적절한 관심과 이해를 받는다고 느낄수록 아이는 부모와의 신뢰를 토대로 정해진 규칙을 잘 지키게 되므로 짧은 시간이라도 꾸준히 아이와 긍정적인 관계를 만들어가는 것이 중요하다. 그로잉맘(www.growingmom.com)의 이다랑 대표는 매일 10~15분 정도 아이가 주도하는 놀이시간을 권한다. 인터넷을 통한 영상시청이나 게임을 종료한 직후 놀이시간을 가지는 것이 가장 좋다고 한다. 이 놀이시간에는 아이와 자연스럽게 눈이 맞춰질 수 있도록 마주 앉고 아이보다 먼저 놀이방법을 제안하거나 무엇을 가르치는 것은 자제해야 한다. 아이가 주도적으로 놀이를 하게 하는 것이 어렵다면, "어떤 놀이를 하고 싶어?", "이걸로 어떻게 하고 싶어?", "엄마(아빠)는 어떤 역할을 하면 되니?"와 같은 질문을 하며 아이가 놀이를 주도할 수 있도록 도와주면 된다. 짧은 시간이라도 아이가 주도성을 가지고 놀이를 마음껏 이끌고 가며 충분히 반응을 받는다고 느끼게 해 주는 것이 핵심이다. 이다랑 대표가 제시하는 아이의 특성별 아이의 욕구를 채우는 인터넷 후 연결 활동을 살펴보면 다음과 같다.

새로운 자극을 좋아하는 에너지 수준이 높은 아이

새롭고 빠르며 다양한 자극을 좋아하는 아이는 인터넷 사용이 주는 강한 자극을 좋아한다. 그래서 인터넷을 사용하지 않을 때 좀 더 신체를 많이 사용하고 에너지를 발산할 수 있는 활동을 해보는 것이 좋다. 바깥놀이나 종이를 구기고 던지는 것과 같은 미술놀이, 인터넷에서 본 장소 실제로 가보기, 나만의 유튜브를 만들어 보기와 같은 활동적이고 적극적인 참여 형태의 놀이가 좋다.

자신이 좋아하는 주제가 분명하여 자기 활동에 몰입하는 아이

관심 있는 주제를 찾아보거나 관련 영상을 보는 것을 좋아하는 특성의 아이에게는 "엄마(아빠)에게도 알려줄래?"라고 하며 인터넷에서 본 것을 알려달라고 요청하거나 같은 주제의 내용을 집에 있는 책에서 찾아 읽어보기, 인터넷에서 본 실험을 똑같이 해보기, 무언가를 몰두하여 만들거나 완성하는 활동 등을 하는 것이 좋다.

사람들과 관계 맺는 것을 좋아하는 아이

친밀감이 높은 특성의 아이는 부모/친구와 이야기하고 함께 놀이하는 것을 가장 좋아하며, 역할놀이나 상상놀이처럼 이야기를 꾸미거나 보드게임처럼 함께 상호작용하며 시간을 보내는 것을 좋아한다. 아이가 인터넷에서 흥미롭게 보거나 활동한 것에 대해 관심을 가지고 질문해 주어도 아이는 만족감을 느낀다.

감수성이 풍부하고 감각이 민감한 아이

다양한 자극에 풍부한 감정을 느끼는 아이는 감각적으로 부담 없는 재료를 사용하여 자신의 감정과 생각을 표현하거나 만드는 활동을 선호한다. 자기만의 책을 만들거나 그림 그리기 등의 표현 활동을 계획하고 쉽게 시작할 수 있는 환경을 만들어주면 좋다.

※본 내용은 "방송통신위원회 · 한국정보화진흥원 (2019). 디지털 페어런팅: 아이와 함께 건강한 인터넷 즐기기. pp.23-26"에 있는 이다랑 대표 인터뷰 자료이다.

[읽을거리 1] 아이의 연령과 상관없이 권장하는 디지털 미디어 사용의 5대 원칙*

1. 부모는 자신의 미디어 행동을 스스로 점검해 보자.

아이들은 부모를 통해서 항상 배운다. 아이가 디지털 세상에서 잘 살아갈 수 있게 돕고 싶다면 부모는 평소 가정에서 아이에게 보여지는 자신의 미디어 행동이 어떠한지 살펴볼 필요가 있다. 자신은 하루 종일 컴퓨터 또는 스마트폰을 사용하면서 자녀에게만 제한하려 하는 부모가 의외로 많다. 그러므로 부모 스스로 자신의 미디어 이용 행동을 점검하는 시간을 가져보아야 한다.

2. 디지털 기기를 사용하지 않는 시간을 정하자.

하루 중 어느 때라도 좋으니 아이뿐 아니라 부모까지 온 가족이 디지털 기기를 멀리하는 시간을 정해보는 것이 좋다. 이러한 시간을 통해 자녀들에게 사람과 사람이 얼굴을 마주하며 이야기 나누는 시간이 삶 속에서 얼마나 소중한지를 경험하게 해 줄 수 있다. 물론 부모가 업무상 디지털 기기를 사용해야 할 때가 많으므로 쉽지 않은 일이지만, 저녁 식사라든지 산책 시간 등 원칙적으로 사용하지 않는 시간을 정해 놓자. 이때 부모는 아이들에게 디지털 미디어를 멀리하는 시간이 왜 필요한지에 대해 이유를 설명해 줄 필요가 있다.

3. 자녀의 미디어 사용의 긍정적인 면을 보자.

자녀의 미디어 선택을 두고 무조건 부정적으로 이야기하는 것은 바람직하지 않다. 자녀가 선택하는 미디어에 대해 부정적인 소리만 늘어놓기보다는

* "정현선 (2017). 시작하겠습니다 디지털육아. 서울: 우리학교. pp.148–150"와 "Uhls, Y. T. (2016). Media moms & digital dads. 김고명(역). 아이와 싸우지 않는 디지털 습관 적기 교육. 서울: 대성 pp.47–49"의 내용을 정리하였다.

긍정적으로 바라보는 것이 중요하다. 아이들은 미디어를 이용하며 자신이 좋아하는 것을 발견하고 몰입하고 탐구하는 경험을 한다. 또 때로는 미디어를 통해 새로운 기술을 습득하고 새로운 것을 만들어내기도 한다. 자녀의 미디어 이용을 차근차근 살펴보며 칭찬할 만한 점을 찾아보고 하루 세 번 정도 미디어 행동에 대해 긍정적인 말을 해보자. 지속적으로 이런 시간을 가진다면 자녀는 부모와 더 많은 것을 나누려고 할 것이다.

4. 아이가 사는 디지털 세상에 들어가자.

자녀가 사용하는 디지털 콘텐츠를 함께 경험하며 자녀가 비판적인 소비자가 되도록 도와주자. 아이가 좋아하는 텔레비전 프로그램, 유튜브 동영상, 웹툰, 게임, SNS 등에 관심을 갖고 이를 주제로 이야기하면서 아이를 이해하고 소통하는 계기로 삼는 노력을 기울일 필요가 있다. 자녀가 주로 사용하는 소셜미디어에도 가입해서 사용해 본다면, 자녀 및 또래 친구들의 문화를 이해하는 데 도움을 받을 수 있을 것이다. 다만, 자녀가 불편함을 느낄 정도로 친구 관계를 염탐하거나 간섭해서는 안 된다는 것을 명심하자.

5. 현실에서 디지털 미디어 교육의 기회를 포착하자.

아이에게 부모가 직장 및 가정에서 즐겨 이용하는 미디어를 이야기하는 시간을 가져본다. 왜 그 미디어를 이용하는지, 어떤 기능이 있는지, 어떤 상황에서 이용하는지, 불편한 점은 무엇인지 등 미디어에 대한 부모의 경험을 공유하며 아이와 함께 유용하게 활용할 수 있는 방법을 찾아보는 것도 좋다. 또한 현재 부모가 사용하고 있는 페이스북, 인스타그램 등 의사소통을 위한 여러 유형의 SNS와 정보제공, 은행, 쇼핑 등 다양한 목적과 기능을 지닌 스마트폰 앱을 아이와 함께 사용해 보는 등 일상생활에서 디지털 미디어 교육의 기회를 가지는 것이 바람직하다. 또한 디지털 미디어 관련 현실에서 발생하는 다양한 이슈들을 주제로 아이와 자연스럽게 대화의 시간도 가질 수 있을 것이다.

[읽을거리 2] 유아를 위한 인터넷윤리 교육

'아름다운 인터넷 세상(아인세)'은 방송통신위원회와 한국정보화진흥원이 2010년부터 추진하고 있는 범국민 대상 건전한 인터넷윤리 · 문화 조성사업으로, 전 국민이 인터넷을 건강하게 이용하도록 돕기 위해 인터넷 이용 관련 소양교육과 다양한 캠페인 등을 추진하고 있다.

■ 인터넷윤리 캐릭터 '웰리'

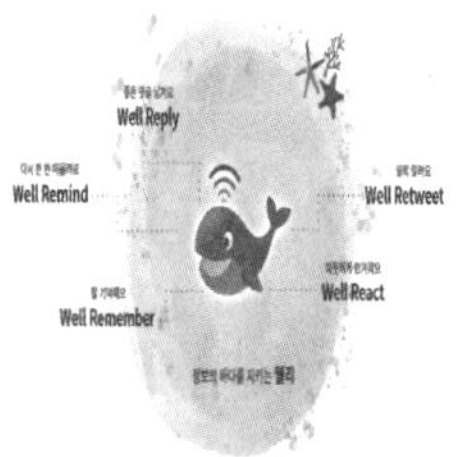

웰리는 혼자 살아가는 것이 아닌 공존의 의미와 함께 하는 누군가에게 좋은 작용을 하는 "Well-Re"의 의미를 내포하고 있다. Re는 리플라이(Reply), 리트윗(Retweet), 리액트(React), 리멤버(Remember), 리마인드(Remind) 등의 좋은 작용들의 의미를 대표하며 지속적으로 좋은 댓글을 유도하는 선순환 구조를 나타내고 있다.

■ 교육자료실 자료

1. 바른 인터넷 유아학교

유아(만 5세)부터 초등 저학년까지 활용 가능한 인터넷윤리 교육 교재이다. 인터넷이 무엇인지, 인터넷으로 할 수 있는 것, 올바르게 사용하는 방법에 대하여 스티커 붙이기, 줄긋기 등으로 재미있게 활동할 수 있다.

2. 두리가 스마트폰을 해요

1편: 스마트폰은 오래 하지 않아요.

- 스마트폰을 너무 오래 하던 두리는 점점 몸이 구부러지고, 마침내 공처럼 둥글게 되어 데굴데굴 굴러가게 되는데...

2편: 밥 먹을 땐 스마트폰을 하지 않아요.

- 친구들과 같이 밥을 먹는데, 스마트폰에 빠진 두리는 밥을 너무 많이 빨리 먹게 된다. 그 바람에 두리의 몸이 점점 부풀어 오르면서 마침내 둥실 떠오르는데…

3. 우리는 스마트세상 지킴이(인터넷윤리교구)

유아(만 3~5세) 대상 인터넷윤리 교육 자료이다. 가정 및 유치원에서 다운로드 및 인쇄 후(교구 A3인쇄 권장) 오려서 활동자료로 활용이 가능하다.

〈주요내용〉

1) 퀴즈로 알아보는 바른 스마트폰 사용 규칙
2) 잘못된 스마트폰 사용으로 발생하는 상황에 대해서 이야기 나누기
3) 교구 상황극을 통해 스마트폰의 다양한 기능 경험해보기
4) 개인방송에 대한 경험과 생각나누기
5) 좋은 방송에 대한 생각나누기
6) 스마트세상을 지키기 위한 실천 약속하기

4. 곰이를 위한 특별한 선물(교육용 애니메이션)

- 만 3~4세용 인터넷윤리교육 콘텐츠
- 정보 찾기를 위한 다양한 미디어의 의미 이해하기
- 교수활동안 자료 제공: 동극, 수조작, 음률, 이야기나누기, 게임 등

5. 찰칵! 토리의 사진대소동(교육용 애니메이션)

- 만 4~5세용 인터넷윤리교육 콘텐츠
- 미디어 사용의 주의점과 정보보호에 대한 이해
- 교수활동안 자료 제공: 이야기나누기, 언어, 음악, 동시, 게임, 역할놀이, 동극, 미술 등

6. 곰이야 어디 있니(교육용 애니메이션)

- 만 5세용 인터넷윤리교육 콘텐츠
- TV, 인터넷, 통신기기 등의 위해성을 알고 바르게 사용하기
- 교수활동안 자료 제공: 게임, 이야기나누기/언어, 조형, 수과학, 신체, 동극, 미술 등

출처: www.아름다운인터넷세상.kr

참고문헌

1) 강승훈 (2004). 디지털 시대의 신인류, 디지털 네이티브. CEO REPORT, LG 주간경제 2004.9.1.

2) Prensky, M. (2001). Digital Natives, Digital Immigrants, *On the Horizon, 9*(1), 1–6.

3) Livingstone, S. (2013). *Zero to Eight: Young Children and their internet use.* UK Kids Online Network.

4) Miller, C. K. (2015). *iKids: Parenting in the Digital Age by Discipleship Resources*. 정성묵(역). **아이키드**. 서울: 디모네. (원저출판 2014년)

5) 이경숙, 장석진, 박진아, 전연진 (2014). 0~3세 영유아 영상 매체 시청 및 부모의 영유아 자녀 영상 매체 시청 지도 행동 실태 조사. **유아교육연구, 34**(2), 301–321.

6) 이정리 (2014). 영유아 스마트폰 노출 실태 및 보호대책. 육아정책연구소 이슈페이퍼 2014–14.

7) Resnick, M. (2018). *Lifelong Kindergarten*. 최두환(역). **평생유치원**. 경기: 다산북스. (원저출판 2017년)

8) Scott, K. (2018). Did You Know (Shift Happens) – 2018 Remix. https://www.youtube.com/watch?v=TwtS6Jy3ll8

9) 정현선 (2017). **시작하겠습니다. 디지털 육아**. 서울: 우리학교.

10) STEINER–ADAIR, S., & BARKER, T. H. (2015). *The big disconnect*. 이한이(역). **디지털 시대, 위기의 아이들**. 서울: 오늘의책. (원저출판 2013년)

11) Center on Media and Human Development (2013). *Parenting in the Age of Digital Technology : A National Survey*. Northwestern University.

12) 김영화 (2019). 우리 아이 적절한 스마트폰 사용법. 정신의학신문 2019.12.01자, http://www.psychiatricnews.net/news/articleView.html?idxno=17605

13) Uhls, Y. T. (2016). *Media moms & digital dads*. 김고명(역). **아이와 싸우지 않는 디지털습관 적기교육**. 서울: 대성. pp. 80–81.

14) The American Academy of Pediatrics. https://pediatrics.aappublications.org/content/138/5/e20162591

15) 방송통신위원회 · 한국정보화진흥원 (2019). 디지털 페어런팅: 아이와 함께 건강한 인터넷 즐기기.

바르게 그리고 똑똑하게 보는 눈

CHAPTER 2

디지털 리터러시

바르게

그리고 똑똑하게

보는 눈 디지털

리터러시

디지털 리터러시란?

80년대

현대

Y세대들은 이 그림이 매우 잘 이해될 것이다. 한편으론 쓴 웃음을 머금게 되는 상황이기도 하다. 앞서 살펴본 것과 같은

맥락에서 초등학교 3학년 이하 아동이 TV나 스마트폰, 컴퓨터 등 미디어를 이용해 노는 시간이 하루에 3시간에 이르는 것으로 나타났다는 연구결과는, 현재 아이들은 몸을 움직이는 동적인 놀이를 하는 시간이 현저히 줄어들고 있음을 시사한다. 육아정책연구소의 '아동의 놀 권리 강화를 위한 지역사회 환경 조성 방안' 보고서[1]에 따르면 "미디어와 인터넷을 이용한 놀이에 아동이 무방비로 노출되었을 때 발생할 수 있는 위험성이 우려되는 상황"이라면서 "놀이 환경을 개선하기 위해서는 미디어 놀이를 대체하는 놀이의 중요성을 강조하는 홍보가 필요하다."고 지적했다. 또한 보고서는 "놀이는 아동의 성공적 발달을 위해 반드시 필요하다."며 "놀이에 대한 인식 부족, TV · 컴퓨터 · 스마트폰 같은 전자매체 기기 사용 생활화, 안전한 놀이 공간 부족, 학습을 중시하는 사회 분위기, 획일적인 놀이기구와 낙후된 놀이시설 등으로 아동의 자발적 놀이가 적극 이루어지지 못하고 있다."고 지적했다. 이렇듯 2019 개정 누리과정 고시로 놀이에 대한 중요성이 강조되는 시기에 현재 아이들의 놀이가 디지털 매체를 활용한 놀이에 집중되어 있는 현실은 간과할 수 없는 부분이다.

미디어 환경 속에서의 놀이에 관심이 집중되는 이유는 현대를 살아가는 사람들의 미디어의 활용 목적이 기능 중심에서 감성, 즐거움, 경험 등 상위 니즈로 전환되고 있기 때문이다. 미디어 사용자는 디지털 매체의 주어진 기능을 수동적으로 사용하기보다는 능동적으로 반응하고 즐기고 있다. 스마트폰,

이어팟, 스마트 워치, 스포츠 밴드 등 웨어러블 기기, 드론, HMD(Head Mounted Display), 360° 카메라, 전동휠 등 새로운 유형의 기기들이 나타나면서, 미디어 환경은 사용자에게 더 가까이 존재하게 되었다.[2] 사용자들은 미디어와 상호작용하며 생활하고 심지어 미디어 환경에서의 놀이에 몰입하고 있다. 이러한 경향은 어른에게만 적용되는 것은 아니다. 디지털 네이티브 세대인 아이들에게서 더욱더 빠른 속도로 미디어 환경에서의 놀이 몰입이 일어나고 있다.

이에 이제는 기존의 아날로그 환경에 기반한 놀이에 대한 연구 프레임에서 모바일 환경에 기반한 놀이의 연구 프레임으로 확장할 필요가 있다. 또한 스마트폰, 태블릿 PC, 스마트 워치, 증강현실 HMD, 가상현실 HMD 등의 모바일 미디어의 놀이를 새로운 관점으로 해석한 속성 정의가 필요하다. 또한 디지털 사회를 살아가기 위한 역량을 키우는 교육이 필수적이다. 이러한 역량을 설명하는 용어가 바로 디지털 리터러시(Digital Literacy)이다.

디지털 리터러시의 개념은 1997년 폴 길스터(Paul Gilster)의 연구에서 출발한 용어로 '온라인을 통해 다양한 출처로부터 찾아낸 여러 가지 형태의 정보를 이해하고 자신의 목적에 맞는 새로운 정보로 조합해 냄으로써 올바로 사용하는 능력'을 뜻한다. 이후, 디지털 리터러시의 개념은 디지털 기술의 발전과 그에 따라 시대가 인간에게 요구하는 능력의 변화에 따라 지식과 기술을 넘어 디지털 기술의 적절한 활용을 위한 인식과 태도의 영역으로까지 확장되고 있다.[3] 이와 같이 디지털 리터러시는 단순히 디지털 기술을 잘 다루고 정보를 적절히 처리하는 능력 이상의 것이 필요하다는 인식에서 출발한다.

최근 디지털 교육은 예전의 '컴퓨터를 활용한 교육'에서 '디지털 리터러시 교육'으로 진화하고 있다. 과거엔 컴퓨터 사용법 등 도구의 사용법만 교육했다면, 디지털 리터러시 교육으로 개념이 확장되면서 디지털 시민의식, 비판적 사고력까지 가르친다. 디지털을 통해 세상을 바라보는 법을 총체적으로 가르치는 것이다.[4]

디지털 리터러시 교육은 최근 몇 년 새 인기를 끌고 있다. 세계 최고의 IT 기업인 구글도 2019년부터 한국에서 디지털 미디어 리터러시 교육에 10억 원을 투입한다. 국내 청소년들이 디지털 미디어를 똑똑하게 이용할 수 있도록 돕는 교육 프로그램을 지원한다는 취지다. 이들이 주력하는 디지털 미디어 리터러시 교육은 코딩과 디지털 협업 등 도구 활용을 포함, 비판적 디지털 콘텐츠 읽기 및 디지털 시민 의식을 함양하는 교육을 말한다. 일반적으로 교육 분야에서 사용되고 있는 디지털 리터러시 개념을 살펴보면 다음과 같다.

- 디지털 매체와 테크놀로지를 효율적으로 사용할 수 있는 기술, 지식, 비판적 사고력과 함께 문제해결, 커뮤니케이션, 그리고 지식을 창출할 수 있는 능력[5]
- 디지털사회 구성원으로서의 자주적인 삶을 살아가기 위해

필요한 기본소양으로 윤리적 태도를 가지고 디지털 기술을 이해, 활용하여 정보를 탐색 및 관리, 창작을 통해 문제를 해결하는 실천적 역량[6]

- 디지털 기술과 커뮤니케이션 도구로 적절하게 정보에 접근하고, 관리하고, 통합하고, 분석하고, 평가하며, 새로운 지식을 구성하고 창조하고 타인과 소통할 수 있는 흥미, 태도, 능력[7]
- 디지털 미디어를 사용할 때나, 디지털 시민으로 살아가는 데 필요한 보안, 윤리, 안전, 정보 확인과 관련하여 바람직한 선택을 할 수 있는 능력[3]

즉, 디지털 리터러시란 디지털 세계를 비판적으로 이해하고 활용하며 스스로 생산까지 할 수 있는 종합적인 역량을 토대로 각종 디지털 도구를 불편함 없이 사용할 줄 알며, 정보기술과 인터넷을 활용해 콘텐츠를 찾아내고, 평가하고, 공유하고, 창조하는 능력을 의미한다. 4차 산업혁명 시대를 맞아 사회가 급격히 변하고 기술 발전이 빠르게 진행되면서, 한 사회의 구성원으로서 갖추어야 할 리터러시(Literacy)는 점차 다양해지고 그 수준도 높아지고 있다. 이러한 리터러시의 변천에 대하여 시기별로 그 용어와 범주를 중심으로 다음의 표 2-1 과 같이 정리해 볼 수 있다.[5]

표 2-1 리터러시의 변천사

리터러시	시기	범주	비고
3Rs (Reading, Writing, Arithmetic)	5,000여 년 전	읽기, 쓰기, 셈하기	• 기본적인 기능
시각 리터러시 (Visual Literacy)	1960년대 이후	시각적 사고, 학습, 소통, 창출	
텔레비전 리터러시 (Television Literacy)	1950년대 이후	시각 리터러시, 비판적 사고	• 비판적 관점 처음 부각
컴퓨터 리터러시 (Computer Literacy)	1980년대 이후	컴퓨터에 대한 이해와 지식, 컴퓨터를 활용하는 능력, 컴퓨터에 대한 태도	
멀티미디어 리터러시 (Multimedia Literacy)	1990년대 이후	정보, 소통, 멀티미디어 테크놀로지	
정보 리터러시 (Information Literacy)	1990년대 이후	정보의 필요성 인식, 정보원 탐색, 비판적 사고	• 정보의 중요성 인식
정보통신 리터러시 (Information Communications Technology Literacy)	1990년대 후반 이후	매체 활용, 정보 탐색 및 선택, 정보평가, 조직 및 종합, 문제해결	• 소통의 도구로 부각 • 문제해결력 강조
미디어 리터러시 (Media Literacy)	1990년대 후반 이후	정보 리터러시, 컴퓨터 리터러시, 영화 및 비디오 리터러시, 문화 리터러시	• 메시지에 초점 • 인쇄, 비인쇄 매체 포함
디지털 리터러시 (Digital Literacy)	2000년대 이후	컴퓨터 리터러시, 네트워크 리터러시, 정보 리터러시	• 기술 습득을 넘어 활용 능력 요구

리터러시는 기본적인 3Rs(읽기, 쓰기, 셈하기)에서부터 출발하여 디지털 리터러시에 이르기까지 그 범주가 점차 누적적으로 확대되는 양상을 보인다. 즉, 디지털 리터러시는 애초의 3Rs의 기본적인 소양은 물론 컴퓨터나 인터넷 및 여러 미디어 등에 익숙하지 않으면 해당 소양을 갖추기 어렵다. 디지털 리터러시는 이전의 리터러시들과 그 연장선상에 있기 때문에 상당부분 유사한 범주를 누적적으로 포함한다. 그러다보니 디지털 리터러시는 비슷한 시기에 출현한 정보통신 리터러시, 미디어 리터러시 등과 그 범주가 중첩되기도 하여, 여전히 여러 분야에서 그 용어가 관점을 달리하며 혼재되어 쓰이기도 한다.[8] 기술의 발전과 인간에게 요구하는 소양의 변화를 반영하여 디지털 리터러시 정의가 변화해온 것과 같이 디지털 리터러시의 구성 역시 유기적으로 변화할 수밖에 없다.

특히, ICT 리터러시, 정보 리터러시, 미디어 리터러시 등의 유사 개념들이 디지털 리터러시라는 개념의 틀 안으로 통합되고 있다. 현재는 디지털 리터러시의 개념이 디지털 도구의 사용 영역을 넘어, 문제해결과 협업, 창작, 그리고 문제해결을 위한 컴퓨팅 사고력(CT: Computational Thinking)이 강조되고 있는 해외 연구 동향을 담아내야 하는 필요성까지 논의되고 있는 시점이다.[9]

국내의 경우 영유아 스마트 디지털 기기 이용과 관련한 연구는 2014년부터 점차 늘어나고 있다. 하지만 이들 연구는 주로 영유아의 스마트 기기 몰입이나 중독과 같은 부정적 영향에 대해서 논의하고 있으며 유아의 디지털 리터러시나 스마트 교육의 확산방안 등에 대한 논의는 유아교육 관련 학회의 학술대회를 통해서 4차 산업혁명 시대를 살아갈 유아와 미디어에 대한 주제(2019.6.8. 한국어린이미디어학회 춘계학술대회), 디지털 매체와 놀이(2019.6.15. 구성주의 유아교육학회 춘계학술대회)를 기조로 하여 유치원과 어린이집에서의 스마트 교육, 첨단매체 활용교육에 대한 긍정적 논의로 점차 확대해 나가는 추세이다.

현재 정부는 스마트 교육 확산에 대해 강한 의지를 지니고 있으며 이와 관련된 지원도 확대해가고 있다. 현재 스마트 멀티미디어 교실 구성은 이미지와 음원, 동영상 등의 자료를 온라인으로 제공하거나(예: 키즈 키드), 스마트패드를 통한 강의안, 알림장, 증강현실(AR) 기능 제공 등(예: EBS 누리샘)이 주로 활용되고 있다.

올바른 디지털 리터러시 교육의 관점에서는 첨단매체를 다루는 툴을 익히게 하는 것보다는 미디어를 활용한 자신의 커뮤니케이션 행위에 사회적 책임감과 윤리성을 적용하는 성찰과 문제해결을 위해 공동체 일원으로 지식을 공유하고 참여하는 행동을 가르치는 것을 중요시한다.

디지털 시대의 신지식인, 디지털 리터러시 역량을 가진 '디제라티(digerati)'로 키우자

최근 호주 빅토리아 주 맬번 시에 소재한 디킨대학은 '디지털 리터러시 학습설계사'라는 새로운 직업에 대한 구인공고를 냈다. 학생들의 디지털 리터러시 역량을 키울 수 있도록 적절한 테크놀로지를 이용해 온라인 프로그램 및 인터랙티브 프로그램을 설계 및 개발, 관리하는 직업이다. 학부 교수진과의 협력하에 새로운 직업이 생길 정도로, 디지털 리터러시 역량은 그 중요성이 점차 확대되었다.[10] 디지털 리터러시는 디지털 시대를 살아가는 데 필수 능력이다. 이 역량을 가진 사람은 그렇지 못한 사람보다 수백에서 수천 배의 정보력과 업무 처리 속도를 보여줄 수 있다. 이러한 사람들을 가리켜 '디제라티(digerati)'라고 부르며, 디지털 시대를 이끌고 있는 새로운 지식인을 말한다.[11] 이는 디지털(Digital)과 리터라티(Literati, 지식인들)를 합성해 만든 신조어다. 뛰어난 디지털 리터러시 역량으로 IT 분야에서 혁신적인 업적을 이끌어낸 사람이나 이끌고 있는 사람들이다. 마이크로소프트사를 설립한 빌 게이츠, 페이스북을 만들어낸 마크 저커버그, 아마존의 제프리 베이조스 등을 디제라티라고 할 수 있다. 이들은 정보기술(IT)에 대한 풍부한 지식에다 인문학적인 감성에 대한 폭넓은 이해까지 갖춰 디지털 세상을 주도하는 사람들이다. 또한 이들의 특징은 인문학과 자연과학의 경계를 아우르는 융합인재라는 것이다. 다시 말해 이들은 어디 한 곳에 치우치지 않고, 융합하는 컨버전스(Convergence)형 인간이라고 할 수 있다.

이들은 지금까지 존재하지 않던 것을 새롭게 만들어내는 창안적 혁신가이며, 이미 존재하던 것들을 혁신적으로 재조합하는 재조합적 혁신가들이다. 또한 이들은 기존에 나뉘어 있던 학문의 분야를 디지털, 컴퓨터를 통해서 한데 묶는다. 일부에서는 이들을 가리켜 '제3의 문화'를 펼쳐갈 잡종들이라고 말하기도 한다. 이들은 말보다 행동이 앞선다는 특징도 있다. 이처럼 새롭게 등장한 디제라티는 사회적으로 긍정적인 영향을 주는 것은 물론, 이를 통해서 자신도 사회적, 경제적인 명성을 얻기도 한다. 이런 점이 디제라티가 가진 한계라고도 말하지만, 디제라티는 단순히 정보를 독점하는 것을 넘어, 이것을 활용해서 좀 더 다채로운 세상을 만들고, 또 이것으로부터 이익을 얻기도 바란다. 좀 더 실용적이고, 현실적인 지식인이라고도 볼 수 있다.

디지털 사회로의 패러다임의 변화는 새로운 소양과 역량을 필요로 한다. 과거 영국이 1800년대 산업혁명을 시작할 때를 돌이켜 보면, 그 이전의 농업경제에서의 소양과 역량을 갖춘 인재로는 산업사회를 이끌어 나가지 못하게 될 것이라는 것은 자명한 것이다. 패러다임의 변화는 사회 시스템의 변화를 가져오며, 새로운 사회 시스템은 그 사회를 살아가는 시민들의 새로운 소양 즉, 리터러시를 요구한다. 새로운 경제에서의 핵심은 '창조'이며 이것은 새로운 상상력과 창의성, 그리고 디지털 리터러시에 기반한 문제 발견과 문제해결 능력, 그리고 도전적 기업가 정신을 요구한다. 디지털 사회의 새로운 역량에 대하여 많은 논의들이 있는데, 그 중에 공통되는 것들은 다음과 같다.

- 정보적 관점에서 현상과 문제를 새롭게 바라보고, 그 관점으로 문제를 발견하고 해결할 수 있는 역량
- 정보의 관점에서 추상화하고 자동화하는 컴퓨팅 사고력(Computational Thinking)
- 새로운 가치를 만들어 낼 수 있는 창조 능력. Creator 혹은 Maker 역량
- 기존에는 서로 분리되었던 것들을 연결하여 사고하는 융합적 사고
- 대규모 연결 네트워크 기반에서 공유하고 협업하는 역량

그렇다면 아이들이 이러한 역량을 겸비하기 위해서는 무엇을 해야 할까?

첫째, 디지털 매체와 서비스에 친숙해지는 것이 중요하다.

각종 디지털 기기와 각종 어플리케이션 서비스에 익숙해지

도록 다양한 방식으로 활용하는 것이 매우 중요하다. '과학을 뒤흔든 젊은 천재 10인'으로 선정된 데니스 홍 교수(한국명: 홍원서)는 세계 최초 시각장애인용 자동차를 개발하였으며, 미국 버지니아공대 교수이자 로봇 연구소 로멜라(RoMeLa)의 설립자이다. 한번 꽂히면 끝을 보는 성격에 호탕한 웃음이 매력적인 데니스 홍 교수, 어린 시절 그는 가전제품이란 가전제품은 모두 분해해 봐야 직성이 풀렸던 독특한 아이였다. 좌충우돌 사고도 많이 쳤지만 아버지(홍용식 전 한국항공우주학회장)는 화를 내지 않으셨고, 오히려 공구함을 사주고 모형비행기를 같이 만들며 기를 살려주셨다고 한다. "부모님은 가전제품 분해를 놀이로 인정해주셨습니다. 고장 낸 가전제품 값을 생각하면 아깝지만 이렇게 장성한 걸로 봤을 땐 현명한 투자였다고 말씀하세요." 그의 말을 통해 유추해 볼 때, 스마트폰, 노트북, 태블릿 PC 등의 디지털 기기들을 다양한 방식으로 만져보고 써보는 활동 자체가 디지털 리터러시 역량을 키우는 데 너무나 당연한 부분일 것이다. 이런 의미에서 고장난 디지털 기기도 버리지 말고, 아이들이 탐색해 볼 수 있는 놀잇감으로 제공해 보는 것도 좋겠다.

둘째, 디지털 미디어를 활용하며 궁금한 것을 스스로 해결하려는 능력을 키워야 한다.

다양한 디지털 기기에 대한 사용방법을 고민해 보고, 요리

조리 만져보는 팅커링(tinkering)을 경험할 수 있는 것이 필요하다. 팅커링이란 다양한 디지털 매체들을 만지작거리고 탐구해 본다는 의미의 용어로 문제를 해결하기 위해, 작동원리를 경험해보기 위해 실험해 보는 과정을 통해 재미와 흥미를 유지하며 의미 있는 경험을 하는 것과 연결되는 개념이다. 팅커링이라는 용어의 사전상의 뜻은 '대충 두서없는 방식으로 무언가 고치거나 개선하는 것을 시도한다'는 것으로 분명한 목적이나 목표 없이 작업하는 것을 말한다. 디지털 미디어에 대한 팅커링의 과정은 미리 계획된 활동을 하는 것보다 좀 더 지저분하고 엉망일 수 있지만 무언가 서투르게 다루면서 디지털 매체가 어떻게 작동되는지를 생각할 수 있게 하는 좋은 활동이다.

셋째, 디지털 매체를 활용하여 직접 만드는 경험을 해보도록 해야 한다.

아이들은 만드는 과정을 통해 다양하고 융통성 있는 사고를 가능하게 하는 발산적 사고(divergent thinking)를 경험할 수 있다. 디지털 미디어가 제공하는 프로그램을 1차적으로 활용하는 수준에서 만드는 수준으로까지 역량을 키워줄 필요가 있다. 이것이 현재 코딩 교육이 강조되는 이유이기도 할 것이다. 디지털 기기를 친숙하게 다루며 이를 직접 만들어보는 과정에서 실패와 성공의 경험을 지속적으로 할 때 문제해결을 위한 방안을 설계하고 도전할 수 있는 기회를 가지게 된다. 또한 이러한 활동을 통해 아이들은 엔지니어의 사고과정을 경험할 수 있게 되며 문제해결의 답이 한 가지가 아니라 여러 가지일 수 있다는 사실을 알게 되며 그들의 아이디어가 현실로 바뀌는 경험을 할 수 있게 된다. 이것이 디지털 리터러시 교육의 긍정적인 효과라고 볼 수 있다.

넷째, 글로벌적으로 접근하면 디지털 리터러시 역량이 확장되어 보다 좋은 결과를 얻을 수 있다.

국내에서 콘텐츠를 찾아내고 공유하는 데는 한계가 있다. 글로벌 사이트까지 함께 찾아보고, 해외에 있는 사람들과 관심 주제에 대해 함께 얘기할 수 있다면 더 큰 성과를 만들어갈 수 있을 것이다. 췌장암 진단 키트를 발명하여 전 세계를 놀라게 했던 13살의 미국 소년 잭 안드라카(Jack Thomas Andraka)에게는 가족처럼 지내던 아저씨가 췌장암으로 세상을 떠나게 되는 아픈 경험이 있었다. 이 경험으로 인해 잭 안드라카는 췌장암에 대해 관심을 갖게 되었다. 인터넷으로 췌장암에 대해 검색하던 중 췌장암은 85% 이상이 말기에 발견되고, 생존 확률이 고작 2%라는 사실을 알게 되었다. 또한 그 당시 사용되고 있던 췌장암 진단법은 무려 60년 전에 개발된 오래된 기술이었고, 성능 또한 좋지 않았다. 정확도는 겨우 30%, 검사 시간은 14시간이 소요되었고, 진단 가격 또한 약 92만 원, 800달러

가량이었으니 너무 비쌌다. "췌장암을 진단하는 더 좋은 방법이 있지 않을까?" 잭은 인터넷으로 암에 대해 찾기 시작하였다. 암에 걸리면 특정한 단백질이 혈액에서 증가한다는 사실을 알게 되었다. 잭 안드라카는 이런 부분을 획기적으로 개선할 진단 키트를 만들기로 결심한다. 인터넷을 통해 꾸준히 질문을 던지며 답을 구해 나갔고, 단백질을 찾는 데 3,999번 실패했고, 199명의 교수들에게 거절당하는 등의 실패에도 좌절하지 않았던 그는 결국 16세 나이에 혁신적인 췌장암 진단 키트를 발명하게 된다. 그가 이룬 업적은 놀라웠다. 기존의 췌장암 진단비용 92만 원(800달러)에서 겨우 3센트, 100원도 안 되는 35원으로, 검사 소요시간은 5분으로 단축시켰고, 성공 확률을 30%에서 거의 99%까지 끌어올렸다. 말 그대로 획기적인 췌장암 진단 키트를 만들어 낸 것이다. 이러한 성공에 대해 그는 이렇게 말했다.

> "이 나이에 어떻게 가능했냐고요? 그간 제가 배운 최고의 교훈은 바로 인터넷에 모든 것이 있다는 것이었죠. 개발에 필요한 논문들은 인터넷에서 쉽게 구할 수 있었어요.
> 또 대부분의 아이디어 역시 인터넷에서 습득했습니다. 인터넷을 심심풀이로 이용하지만 말고 세상을 바꿀 수 있는 도구라고 생각해 보세요. 인터넷에 정보는 얼마든지 있어요.
> 뭔가를 만들어내겠다는 생각만 있으면 할 수 있는 일이 얼마든지 있다고 생각합니다."

잭 안드라카의 발명은 대부분 인터넷으로 이루어졌다. 인터넷에서 논문을 찾고, 이메일로 전문가에게 도움을 요청하고, 온라인 커뮤니티에 들어가 새로운 정보를 찾아내는 등 디지털 기술을 활용하는 역량을 바탕으로 성과를 이루어 낸 것이다. 잭 안드라카가 췌장암 진단 키트를 발견하는 데 활용한 역량이 바로 '디지털 리터러시'다.[12]

디지털 미디어 세계를 마음껏 활보하도록 돕는 교육, 메이커 교육

'게임을 하는 아이'가 아니라 '게임을 만드는 아이'
"코딩을 배우세요. 코딩은 당신의 미래일 뿐 아니라 조국의 미래입니다. 비디오 게임을 구입하는 대신 게임을 직접 만들고, 최신 앱을 다운로드 하는 대신 앱을 직접 설계해보세요. 컴퓨터는 당신의 미래를 좌우할 것입니다."
-버락 오바마-

과거 컴퓨터 전문가의 학술적인 취미 활동에 불과했던 코딩이 이제 교육자와 이론가에게 중요한 기술로, 심지어 모든 아이를 위한 새로운 교양으로까지 인식되는 중이다. 컴퓨팅적 사고가 프로그래밍 교육에 필요한 개념적인 틀로 모습을 드러

냈다고 해도 코딩의 재유행을 이끈 사람은 교육자도 컴퓨팅적 사고의 주창자도 아니었다. 프로그래밍을 부활시키기 위한 중대하고 적극적인 움직임 중 한 가지는 전혀 예상하지 못한 곳에서 등장했다. 바로 디지털 세대 젊은이들의 문화를 특징짓는 디아이와이(DIY: Do It Yourself) 정신이었다. 오늘날 컴퓨터는 학교 안에서든 밖에서든 어디에서나 사용할 수 있는 기기가 됐다. 아이들은 자신만의 비디오 게임을 제작하거나 대화형 예술 프로젝트를 진행하고 심지어 전자 섬유를 이용해 프로그램으로 조작 가능한 옷을 만들기까지 하는 등 개인용 컴퓨터를 이용해 기술 혁신을 일으킨다.[13]

이렇듯 최근 전 세계적으로 코딩 열풍이 불면서 영국, 핀란드, 호주 등에서는 유치원부터 코딩교육을 의무적으로 실시하고 있다. 영국은 2014년을 '코드의 해(Year of Code)'로 선포하고 5세부터 체계적인 교육을 시작했고, 핀란드는 4~10세 대상으로 코딩학교인 '코디콜루'를 운영하고 있다. 마이크로소프트의 빌 게이츠는 코딩교육이 "사고의 범위를 넓히고 문제해결력을 키워준다."고 했으며, 애플의 스티브 잡스도 생각하는 방법을 배우기 위해 모든 사람은 코딩교육을 받아야 한다고 역설했다. 정부가 소프트웨어 강국을 표방하고 기업 경영자들이 소프트웨어 인재를 필요로 하지만 정작 현실의 코딩교육은 철학이 부재하고 현실과 미래를 모두 담아내지 못하고 있다. 그렇지만 코딩교육은 아이들이 '아무런 걱정 없이' 실패를 경험해 볼 수 있는 가장 효과적인 학습 방식이다. 코딩을 통해 문제를 해결해가는 과정에서 많은 실패를 경험하겠지만, 그 실패는 아이에게 상처를 주지 않으면서 다시 도전할 수 있는 '회복탄력성'을 키울 수 있다는 점에서 코딩교육은 아이들에게 중요한 의미를 갖는다. 코딩교육이란 컴퓨터가 알아들을 수 있는 언어로 프로그램을 만드는 것을 교육하는 것이며, 이를 위해 컴퓨터 프로그래밍을 배우는 것을 말한다. 일반적으로 코딩교육은 연산과 같이 지루하고 반복적인 좌뇌작업이라고 생각하기 쉬운데, 아이들이 배우게 되는 코딩교육은 코드를 만지는 기술이 아니라 창의적 사고를 돕는 방향으로 전개되어야 한다. 즉, 진정한 의미의 코딩교육은 게임을 하는 아이가 아니라 '게임을 만드는 아이'가 될 수 있도록 전개되어야 한다.

『코딩의 귀환: 아이들이 프로그래밍을 배워야 하는 이유』는 컴퓨터를 이용한 참여를 가능하게 하는 행동에 나서라고 요구한다. 오늘날 많은 아이들이 웹사이트와 교실에서 컴퓨터 및 태블릿 PC를 활용하는 활동에 참여하고 있다. 이에 창의적이고 협동적인 작업을 가능하게 하는 코딩이 지닌 잠재력을 더 많은 아이들에게 소개할 수 있도록 교육환경을 구축할 필요가 있다. 우리가 의도하였든, 그렇지 않든 간에 디지털 기술은 우리가 생활하고, 일하고, 놀고, 다른 사람과 어울리고, 배우고, 가르치는 모든 방식에 녹아 있다. 그렇기에 우리 모두는 디지털 기술을 사용하는 자이면서, 디지털 기술과 함께 발전해 나가는 존재이기도 하다.

이러한 맥락에서 선진국을 중심으로 스마트 교육, 코딩교육을 강조하는 이면에는 중요한 배경이 있다. 그것은 전 세계 산업이 디지털 기반 생산 및 소비 체제로 급격히 변화하고 있다는 것이다. 인공지능으로 불가능해 보였던 자율주행차 기술이 현실이 됐고, 암을 비롯한 대부분의 질병을 인공지능으로 진단, 치료할 수 있는 날도 머지 않았다. 인공지능 시대를 살게 될 아이들에게 인공지능을 연구하고 관심을 가질 만한 어떤 교육적인 활동(예를 들면 코딩교육이나 SW 교육 등)을 제공하는 것이 시기상조라고 볼지는 모르겠다. 그러나 이 문제는 어떤 내용을 어떤 방식으로 접근하느냐에 달려 있다고 본다. 지식의 구조에 대해 브루너(Bruner)는 "지식의 최전선에서 새로운 지식을 만들어내는 학자들이 하는 일이나 어린이들이 하는 일의 중요성을 막론하고 모든 지적 활동의 구조는 근본적으로 동일하다."고 주장하였다. 인공지능 시대에 필요한 지식의 근본 구조를 유아의 사고양식에 맞게 적절한 수단으로 재구성하여 제시하면 충분히 유익한 교육을 펼칠 수 있게 될 것이다. 지금의 아이들이 미래 시장경제 속에서도 살아남게 하려면 아이들만의 무한한 상상력과 신비로운 창조력, 끊임없는 지적 호기심과 따뜻한 감성의 불씨를 꺼버리지 않고 지켜주어야 한다. 직관을 논리와 통찰력으로 풀어내고 감성을 체계적이고 이성적으로 풀어낼 수 있도록 교육하는 것이 필요하다.

현재 전 세계의 교육은 세계 시장을 주도할 수 있는 창조적인 다빈치형 인재를 육성하는 것을 교육의 목표로 삼고 있다. 이는 앞서 살펴볼 디제라티와도 연결되는 개념으로 이와 관련된 대표적인 인재유형은 스마트폰 혁신을 일으킨 스티브 잡스, PC 산업 혁신을 일으킨 빌 게이츠, 인터넷 검색 플랫폼을 개발한 구글의 래리 페이지와 세르게이 브린, 소셜 네트워크 혁신을 일으킨 마크 저크버그 등이다. 이들의 공통점은 모두 무엇인가 만드는 것을 좋아하는 메이커(Maker)였다는 것이다. 메이커는 '창의적인 만들기 활동을 통해 아이디어를 실현하는 사람'을 일컫는다. 이들은 학생 때 집에서 전자회로를 이용한 전자회로 키트를 개발하고, 재미있는 프로그램들을 개발하며, 직접 제품을 만들어 팔기도 하고, 같은 취미를 가진 사람들끼리 커뮤니티를 만들어 지식을 공유하기도 하였다.

이들의 메이커 기질은 본인들이 꿈꾸는 세상을 만들기 위해 PC, 스마트폰, 인터넷 검색엔진, 소셜 네트워크 혁신을 일으키는 원동력이 되었다. 세계가 이러한 성공을 놀라워했고 어떻게 그들이 창조성을 가지게 되었는지를 분석하였다. 그들은 스스로 창의적인 아이디어를 생각하고 만들 수 있는 메이커였다. 이들이 세상을 대하는 습관을 메이커 DNA라 부르기도 한다. 이 메이커 DNA를 가진 사람들이 세상을 변화시키고 있다. 현재 세계의 수많은 메이커들은 뛰어난 디지털 리터러시 역량을 발휘하여 스마트 로봇을 만들고, 스마트 홈을 개발하며, 스마트 팩토리(factory)를 만들고 있다. 메이커들이 상상하는 것은 암 진단 키트부터 무한한 에너지 개발, 저렴한 우주여행, 가상세계와 증강현실 등 분야의 제한이 없다.

메이커 교육: 만들고 놀면서 배우는 교육

무언가를 만드는 것으로 시작하여 만드는 데 필요한 기술을 익히고, 그 결과물을 함께 공유하고 나누고, 이를 더욱 발전시키는 것을 설명하는 메이커 교육의 출발점은 자신에게 주어진 문제를 학생 스스로 정확하게 인식하는 순간부터이다. 문제를 정확히 파악한다는 것은 제약 조건이 무엇인지를 파악한다는 뜻이다. 불가피한 한계를 극복하면서 문제를 해결해나가는 과정은 실제 과학기술 분야의 연구개발이나 산업현장에서 실제로 하고 있는 방식이다.

어린이들은 항상 무언가를 만든다. 나무 집, 스케이트 보드, 비누 상자로 만든 자동차, 인형, 집 같은 것들이다. 어린이들은 자신이 만든 것을 친구나 어른들에게 보여주고 함께 실험하며, 혹은 마술 같은 것을 보여주면서 함께 놀고 배운다. 이러한 놀이를 통한 학습이 과거와 가장 큰 차이점은 연산 활동이 포함되었다는 것이다. 실제로 문제해결이나 흥미로운 무엇인가를 만드는 데 있어서 약간의 컴퓨터 프로그래밍은 큰 도움을 준다. 이것은 마치 기존의 활동에 제트 추진력을 달아준 것 같은 효과이다.[14] 아이들은 코딩과 디지털 기술을 통해 자기 자신을 표현하고 아이디어를 공유하는 방법을 배우면서, 새로운 관점에서 자신을 바라보기 시작한다. 이를 통해 아이들은 사회에 능동적으로 기여할 수 있는 가능성을 보기 시작한다.

오늘날 자라나는 아이들에게 노트북과 휴대전화는 더 이상 첨단 도구가 아니고, 크레용이나 수채화 물감 같은 일상적인 도구일 뿐이라는 레스닉(Resnick)[15]의 말과 같은 맥락에서 페퍼트(Seymour Papert)는 1988년 자신의 글에서 컴퓨터를 사람들이 만들 수 있는 것 혹은 생각하고 있는 것을 구현하기 위해 사용하는 일종의 재료로 보았다. 심지어 페퍼트는 컴퓨터를 진흙파이로 묘사했다. 요즘 컴퓨터가 연필이나 종이 반죽처럼 이용하기 쉬워진 것을 보면 페퍼트의 묘사가 틀린 말은 아니다. 이제 아이들에게 디지털 미디어는 새로움이라기보다는 삶이고 문화이다. 이에 이러한 디지털 미디어 문화를 제대로 향유하기 위해서는 그들이 노는 방식을 이해하고, 이를 지원해줄 수 있는 적절한 방식을 찾아야 한다. 놀이가 필요하다고 이야기하는 아이에게 디지털 미디어를 마음껏 활용하여 놀며 배울 수 있는 기회를 제공해야 할 것이다.

디지털 리터러시와 메이커 문화

똑같은 재료의 음식이라도 담아내는 그릇의 모양과 디자인에 따라 음식의 맛이 좌우되듯이 개별 학생들의 다양성을 메이커 교육방식으로 담아내는 것은 디지털 미디어 리터러시의 확장성을 교육에 적용해보는 노력으로 시작해 볼 수 있다. 모든 학습자들은 자신의 수준에 따라 메이커로 쉽게 접할 수 있는 디지털 도구라는 재료를 바탕으로 본인이 상상하는 크고 작은 것들을 만들어보는 활동을 통해 자신의 생각을 구현해볼 수 있다.

애초에 메이커 운동은 '메이커 문화(Maker Culture)'의 한 범주에 속하여 발생되었다. 메이커 문화는 발명 및 창작자의 자율성이 존중된 환경에서 창조성, 창의성을 바탕으로 디지털 도구를 포함한 다양한 도구를 활용하여 만들고, 개조하고 그런 활동 과정에서 발생된 경험과 결과를 공유하여 개인과 사회의 발전에 이바지하는 문화를 야기한다.[16] 그리고 이러한 메이커 문화는 21세기가 요구하는 교육적 역량을 함양할 수 있는 가능성을 많이 포함하고 있음을 알 수 있다. 이에 메이커 문화는 하나의 교육환경으로 정리되어, 메이커 교육이라는 형태로 재정립, 활용되기 시작하고 있다.[17][18]

메이커 문화를 공교육 안으로 갖고 들어와 적용하고자 하는 메이커 교육은 학습자의 책임과 자율성이 존중된 환경에서 다양한 도구(3D 프린터, 응용 소프트웨어, 공구, 전자 센서 등)를 활용하여 개조하고, 만들고, 개선하고, 그리고 그것을 동료 혹은 외부 사람들과도 기꺼이 개방, 공유, 나누는 활동으로 이루어진다. 이러한 과정은 자율적이고 협력적인 학습자로서의 역량을 함양시킬 수 있음은 물론이고, 메이커 활동이 실생활과 연결된 맥락성을 전제로 하기 때문에 자연스럽게 범교과적이며 간학문적 교육 활동이 될 수 있다.[14]

메이커 교육은 학생들 스스로 학습의 주체가 되어 주제를 정하고, 정보를 검색하며, 문제를 해결할 수 있도록 도와주고, 결과물을 완성하는 학습자 중심 교육이다. 학생들은 만드는 과정을 통해 융합적으로 사고하고, 창의적으로 문제를 해결하며, 다른 학생들과 상호 협력하는 과정 속에 창작의 재미를 느끼고, 다양한 경험을 하게 된다.[19]

메이커 교육의 목적은 '학생들에게 무언가를 만드는 기회'를 더 많이 제공하는 것이다. 또한 '만드는 경험'을 통해 자신감을 형성하고 창의력을 키우며 과학과 기술, 엔지니어링, 수학 그리고 예술에 대한 흥미를 촉발시키기 위한 것이다.[20] 예를 들어 팽이의 모습과 팽이가 돌아가는 과학적 원리를 탐색 · 관찰하고, 폐품과 자연물을 이용하여 팽이를 만들고 꾸며본 후, 자신이 만든 팽이로 게임을 해보는 활동을 통해 유아는 자신의 팽이가 더욱 오래 돌아갈 수 있도록 만들기를 계속하는 통합 활동을 경험하게 된다. 이렇게 만든 팽이를 어린반 동생들에게 나누어주고 만드는 방법을 함께 공유해보는 활동을 포함할 때, 메이커 교육의 가치가 더욱 발현될 것이다. 또 여러 가지 자석의 종류와 특성을 탐색하고, 자석의 원리를 이용한 자석 자동차를 만들며, 자석 자동차의 스피드를 향상시킬 수 있는 방법을 스스로 고안해 보고 가장 잘 달리는 자석 자동차 작품 전시회를 열어 그 결과를 공유하는 것 또한 만들고 놀면서 배우는 메이커 교육 활동이 통합적인 접근으로 연관되어 이루어지는 활동이 될 수 있다. 여기에 디지털 기술이 조금만 더 가미된다면 온라인과 오프라인을 연결하는 활동으로까지 인식의 확장이 일어날 것이다.

즉, 메이커 교육은 학교 현장에서 아이들이 스스로 변화할 수 있는 좋은 기회를 제공하며, 만들기는 진정한 교육을 위한 철학적 초석이 된다. 메이커 교육을 통한 만들기는 지적 능력을 표현하는 강력한 방법이기도 하며,[14] 혹은 완벽한 것을 만들지 못할 경우라도 만들기는 자신이 무엇인가를 만들었다는 자부심을 갖게 한다. 따라서 이것은 사람들이 자신이 만든 것에 대해 가치를 부여하고, 전문가가 만든 물건보다 완벽하지 않지만, 자신이 직접 만든 것에 더 높은 가치를 부여하는 현상인 이케아(IKEA) 효과와[21] 맥락을 같이 하여, 유아의 문제해결력에 긍정적인 영향을 미치는 요인이 된다고 해석할 수 있다.[22]

현재 이루어지고 있는 메이커 교육 사례를 살펴보면, 학교의 도서관이나 작은 공간, 혹은 교실에서 실생활의 문제를 해결할 수 있는 다양한 만들기 활동을 통하여 아이들에게 메이커로서의 경험을 제공하였고, 이로 인해서 아이들 스스로가 영 메이커(Young Maker)가 되는 경험을 하게 된다.[23] 메이커 교육을 통해 학생들의 흥미를 이끌어 내는 창의적 활동과정을 중심으로 학생들이 직접 학습 주제를 정하고, 정보를 검색하고, 문제해결 방법을 디자인하고, 제작을 하여 결과물을 완성하는 식의 프로젝트 수업이 진행되고 있다(http://www.makeall.com). 이러한 교육을 통해 창의적 문제해결, 재미충족, 자기실현, 상호 협동과 정보 공유가 이루어지는 '메이커(Maker)' 활동이 이루어지고 있는 것은 STEAM의 상황 제시, 창의적 설계, 감성적 체험의 과정과도 연결되는 개념이다.

아이들이 노는 모습을 다시 살펴보자. 놀이터에서는 모래로 무언가를 만들고, 궁금한 물건은 분해를 하면서까지 그 작동 원리를 알려고 한다. 요리를 직접 할 수 없는 나이에도 요리 도구를 발견하면 툭툭탁탁 무언가를 맛있게 만드는 행위를 하고, 크레파스를 쥐어주면 이미 방바닥, 벽은 도화지로 변해 있다. 이 모든 것은 누가 시켜서 하는 것이 아닌, 뭐든 끊임없이 만들고 해체하고 재구성하는 아이들의 타고난 본능이다. 우리 모두에게는 상상한 것을 만들어 보려는 욕구, 일상의 불편을 해결하려는 욕구 즉, '창조'의 욕구가 있다. 이러한 창조의 욕구를 자극하고, 환경을 마련해주자는 메이커 교육은 만들기를 통한 배움을 추구한다. 자신의 아이디어를 다양한 형태의 결과물로 직접 만들어 내고 그 과정에서 필요한 지식과 능력을 습득하는 체험 기반의 교육이다. 20년 전과 지금의 아이들이 노는 환경은 매우 달라졌다. 아이들이 노는 공간의 대부분은 자연 속에서 또는 온라인에 연결되어 있지 않은 환경일 테지만 그 중 어느 부분은 디지털 미디어 환경에서 놀고 있는 시간도 간과할 수 없다. 그렇기에 이러한 환경 속에서 생산적으로 놀 수 있게 해주려면 디지털 리터러시 역량에 기반한 메이커 활동을 끊임없이 제공해줄 필요가 있다.

정보 기술의 발달로 일반인도 3D 프린터와 마이크로 컨트롤러 같은 디지털 도구를 저렴한 가격에 이용할 수 있게 되었고, 이것이 기존의 DIY 문화와 해커 문화에 더해져서 메이커 문화가 촉진되었다. 그리고 그 교육적 가치가 눈에 띄면서 정책적 지원과 함께 메이커 교육이 확산되기 시작한 것이다. 이러한 배경 때문에 '메이커 교육'이라고 하면 디지털 도구와 연결 지어 생각할 때가 많다. 그러나 꼭 이렇게 '테키(techy: 기술을 뜻하는 tech(nology)에 형용사형 접미사인 y가 붙은 말. '기술적 요소가 많은' 또는 '기술에 재능이 있는'이라는 뜻)'해야 메이커인 것은 아니다. 메이커 문화는 금속 가공, 목재 가공, 미술과 공예처럼 전통적인 만들기 작업까지를 포함한다. 상상력과 창의력을 발휘하면 주변에서 쉽게 구할 수 있는 평범한 재료로도 멋진 프로젝트를 해 볼 수 있다.

메이커 교육은 만들기 활동을 중심으로 이루어지기 때문에 필요에 따라 다양한 도구를 사용한다. 여기에는 가위, 송곳, 글루건처럼 이미 익숙하거나 금방 사용법을 배울 수 있는 것도 있지만, 3D 모델링 소프트웨어나 프로그래밍 언어, 마이크로 컨트롤러처럼 사용법을 알아나가야 하는 것도 있다. 새로운 디지털 도구 사용법을 익히는 것은 창작의 범위를 넓히고 다양한 아이디어를 구현하기 위해서 필요하다. 그러나 이건 어디까지나 수단으로서 의미가 있다. 도구 사용법을 배우는 것 자체가 목적이 되어 정해진 커리큘럼에 따라 선생님이

시키는 대로 배운다면, 그건 또 다른 형태의 주입식 교육이 되고 말 것이다. 메이커 교육의 목표는 스킬 습득이 아니라 마인드셋 함양이다. 메이커 교육은 전문 공학 기술자나 프로그래머가 되기 위한 교육이 아니다. 학생 스스로 자기가 무엇을 모르는지 파악하고 필요한 지식을 찾아서 깨칠 수 있도록, 자원을 제공하고 가이드해야 한다.[24)]

그런데 메이커 교육 실행 시 만약 교사가 아이들보다 디지털 도구나 기술에 대해 잘 모른다면 어떻게 해야 할까? 여기에 대한 답변을 하기에 앞서 이제는 교사에게 기대하는 역할 또한 달라지고 있다는 것을 기억하자. 각광 받던 분야가 스러지고 존재하지 않던 분야가 떠오르는 변화의 시대에는 교사가 모든 것을 알고 결정하기 어렵다. 이제 교사는 알려주는 사람(teacher)이 아니라, 알아가는 과정을 돕는 협력자(collaborator) 혹은 조력자(facilitator)가 될 것이다. 아주 오랜 시간 교사는 가르치는 사람이라는 것에 익숙해져 있기에 오히려 가르치지 않는 것이 더 어렵게 느껴질 수 있다. 하지만, 교사는 가르치는 사람이 아닌 협력하는 사람으로서 학생의 작업을 돕는 역할을 하는 존재라는 것을 다시 상기한다면 교사인 내가 무조건 더 많이 알아야 하고, 더 잘해야 한다는 부담감을 덜어놓고, 학생과 머리를 맞대고 같이 고민하는 자세를 취할 수 있을 것이다. 이러한 태도만으로도 학생의 자신감과 자존감이 높아진다고 한다. 그러니 가르치지 말고 같이 해보자.

역사 속에서의 메이커 교육*

어떤 것을 만드는 것과 그것을 개선하는 것은 인간 본성의 핵심이다. 초기 인류가 불을 지피고 사냥을 시작한 이래 인간들은 현존 사물을 이용해 '개조하는 존재(Tinker)'였다. 농사를 짓고, 사냥용 무기를 설계하고, 보금자리를 만드는 것들은 공학의 초기 형태라 할 수 있다. 개조하기는 인간을 둘러싼 환경을 제어하는 방법인 동시에 지적 성숙을 위한 동력이다. 역사를 살펴보면, 예술과 공학, 공예와 공학, 분석적 사고와 개인적 표현들은 우리 삶 속의 곳곳에 공존해 왔고, 몇몇 창의적인 사람들에게서도 그러한 공존을 발견할 수 있으며, 직접적 경험을 통한 학습의 효과 또한 여러 분야에서 발견할 수 있다. 유아교육에서 자주 언급되는 학자들의 이야기 속에서 이들의 메이커 기질을 발견해볼 수 있다.

레오나르도 다빈치(Leonardo da Vinci)는 르네상스 시기를 대표하는 인물 중 창의적인 발명가이자, 예술가, 조각가, 건축가, 공학자, 음악가, 수학자이면서도 다양한 분야에 경험이 있는 해부학자였다. 과학의 르네상스를 이끌어낸 다빈치는 과학의 기초적 접근법으로 중세 시대 만연했던 성서나 그리스 고전을 이용하기보다는 그가 지닌 관찰능력을 이용했다. 예를 들면, 다빈치의 걸작인 '최후의 만찬'은 예수 그리스도가 십자가에

* 이 내용은 2019년 11월에 구성주의 유아교육학회 학술대회 기조강연 원고에서 발췌, 요약한 것이다.

못 박히기 전날 열두 제자와 만찬을 하는 모습을 표현한 작품이다. 이 그림은 당시 일반적으로 벽화에 쓰인 '프레스코 기법'이 아닌 '템페라 기법'을 사용했다는 특징도 있다. 프레스코 기법은 벽에 얇게 회반죽을 바르고 그 위에 반죽이 마르기 전에 그리는 기법을 의미한다. 반죽이 마르기 전에 그려야 하므로 빠르게 작업을 해야만 했다. 다빈치가 활용한 템페라 기법은 벽에 계란 노른자를 개어 만든 액을 입히고 유화를 그린 것으로 완전히 새로운 방법이었다. 이는 느긋한 성격의 다빈치가 유행에 맞추기보다 자신에게 맞는 새로운 방법을 찾아낸 것으로 보인다. 다빈치는 항상 끊임없이 남들이 시도하지 않는 새로운 방법과 기법을 시도했기 때문에 높은 평가를 받고 있다. 물감에 기름을 섞는 유화 역시 당시에는 잘 알려지지 않은 방법이지만 다빈치는 과감하게 유화를 활용하여 회화의 방향에 큰 영향을 끼쳤다. 이렇듯 그의 많은 발명품들은 시대를 훨씬 앞선 것이었고, 따라서 다빈치가 메이커였음은 틀림없는 사실이다. 아마도 다빈치는 역사상 가장 훌륭한 메이커일지도 모른다.

장 자크 루소(Jean-Jacques Rousseau) 역시 그의 저서 『에밀(Emile)』에서 아이들이 지니고 있는 자연적인 능력들과 아이들에게 자유롭게 자기의 능력을 개발할 수 있도록 기회를 주는 것의 중요성을 역설했다. 아이의 내재적인 잠재력을 존중하고, 그들이 표현하고 느끼는 세상을 이해하였다. 또한 그는 인간이 본연의 선한 심성과 잠재적 능력들을 지니고 태어난다고 믿었다. 암기와 체벌 등의 엄격한 규율이 일반적이었던 당시에 루소의 철학은 상당히 획기적이었다. 이러한 루소의 철학은 메이커 교육에 있어서 유아의 만들기 본능을 존중하고, 이끌어주어야 한다는 교훈을 주었다고 볼 수 있다.

페스탈로치(Pestalozzi)는 그의 제자 프뢰벨(Froebel)에게 큰 영향을 미쳤다. 프뢰벨은 페스탈로치의 생각들에 기반하여 세계 최초로 유치원(kindergarten)을 만들었다. 프뢰벨이 1837년 첫 번째 유치원을 만들기 전, 대부분의 학교는 선생님이 교실 앞에서서 지식을 전달하는 강의형 교육방식에 기반을 두었다. 학생들은 자리에 앉아서 선생님이 전해 주는 정보를 글자 그대로 받아 적기에 바빴으며, 가끔 필기한 내용을 다시 읽어 보는 정도에 그쳤다. 수업 중 토론도 거의 일어나지 않았다. 프뢰벨은 이런 기존의 교육방법이 5세 유아들에게는 효과가 없으며, 어린이들이 주변과 직접 교감할 때 가장 잘 배운다는 사실을 발견했다. 그래서 프뢰벨은 기존의 강의형 교육 모델에서 벗어난 교감형 교육 모델을 도입하고 아이들에게 장난감과 공작재료, 기타 다양한 물건과 교감할 수 있는 기회를 제공했다. 프뢰벨은 은물을 발명했는데, 그 이유는 아이들이 세상에서 마주치는 모양, 패턴, 그리고 대칭성 등을 쉽게 이해하도록 돕기 위해서였다. 프뢰벨은 유아들이 주변 사물을 더 잘 이해하기를 원했으며, 그러기 위해 가장 좋은 방법은 아이들이 자기 손과 눈으로 세상을 재창조해보는 것이라는 것을 깨달았다.

그는 또한 레크리에이션과 재창조 사이의 관계를 잘 알고 있었다. 유아들은 재미있고 상상력이 요구되는 활동을 할 때 가장 많이 창작하고 만들어보려고 한다는 점에 착안해서 교구를 만들 때 구조적이고 체계적이면서도 동시에 재미를 느낄 수 있도록 설계했다. 그래서 프뢰벨의 은물은 예술과 디자인을 과학과 엔지니어링에 융합함으로써 많은 경계를 허물었고, 그렇게 함으로써 아이들에게 창의적 사고와 창의적 표현이 가능한 환경을 제공했다. 이런 점에서 프뢰벨 또한 융합인재이자 메이커였다.

몬테소리(Montessori) 또한 장애아와 빈곤층 유아들을 교육하는 데 있어서 학습 자료들을 정교하게 활용하는 프뢰벨의 사상을 많이 받아들였다. "손은 생각의 도구다"라는 말을 통하여 유아들이 손으로 무언가를 하는 활동에 대해 관심을 가지고 그 활동을 자극시켜 주어야 한다고 하였다. 이 역시 메이커 교육에서의 팅커링(만지작거리기)의 개념과 맞닿아 있다.

듀이(Dewey)는 산업혁명에서 비롯된 기계론적인 이상과 공장에서 물건 찍어내듯 하는 학교 교육에 대한 회의감을 가졌다. 그는 교육 프로세스를 일생에 걸친 지속적인 성장과정으로 보았고, 외부 요인에 쉽게 영향을 받지 않는 개인적인 동기의 결과로 보았다. 그는 학생들이 현실 세계에 기반한 학제 간 프로젝트에 능동적으로 참여할 수 있어야 한다고 주장했다. 그의 관점에 따르면 교육이라는 것은 아이들이 어떤 현상을 주의깊게 관찰하고 그 관찰내용을 이전의 경험들과 연결하여 이해하는 체계적인 방법으로 문제들을 해결할 수 있도록 도와주어야 하며, 학교가 어른들의 표준보다는 아이들이 필요한 것이 무엇인지 고민하고 아이들 각각의 발달적 욕구가 무엇인지 알아야 한다고 하였다. 듀이는 메이커 교육의 기본전략인 프로젝트의 창시자라는 점에서 이미 메이커이다.

피아제(Piaget)는 듀이, 몬테소리, 프뢰벨, 페스탈로치의 사상을 그의 구성주의 및 발달 단계 이론들과 더불어 발전시켰고 정형화하는 데 일조했다. 따라서 메이크를 통한 학습, 개조하기를 통한 학습, 그리고 공학을 통한 학습은 피아제 사상에 기반한 이론들과 그 궤를 같이 한다.

이렇듯 메이커 교육은 유아교육의 친숙한 요소 안에서 만들기의 공학적 요소를 교사의 전문성을 통해 유아교육과정 속으로 접목시킬 수 있는 하나의 기회이다. 우리 모두는 공학을 대학에서 공부하는 뭔가 무척 심오하고 어려운 것으로 여긴다. 사실, 공학은 어린이들과 함께 할 수 있는 분야이다. 우리가 아이들이 모래로 무엇인가를 짓고, 색칠을 하고, 풀칠을 하는 등의 활동들을 북돋워 준다면 이것이 바로 아이들에게 과학에 대해 알고 있는 것을 실생활에 적용해 보라고 이야기하는 것과 같다. 아이들은 천부적인 엔지니어이고, 메이커이다. 우리는 이 사실을 반영할 수 있는 교실을 만들어주어야 한다. 디지털 미디어 사용이 자유로운 교실을 만들어주고, 디지털 미디어를 통해 학습하고 배우는 것이 자연스러운 유아들이 그 속에서 자유롭게 공학에 대해 탐색하고 직접 사용해 봄으로써 조작원리를 익히게 될 때 학습으로 체화된 지식을 구성할 수 있게 된다. 이처럼 만들면서 놀고, 놀기 위해 만드는 메이커 교육은 누리과정에서 추구하는 놀이의 의미와 매우 많이 유사하다.

유아 · 놀이 중심 교육과정과 메이커 교육

2019년 개정된 유아 · 놀이 중심 교육과정의 3가지 개정 취지와 메이커 교육과의 연계성을 살펴보면 다음과 같다.

첫째, 미래에 부응하는 새로운 교육과정으로 나아간다.

2019 개정 누리과정은 '미래'를 인간의 고유성과 창조성이 더 강조되어야 하는 시기로 이해하는 데에서 출발한다. 이러한 점에서 전 세계 교육과정은 미래를 고려하는 '역량 중심 교육과정'을 강조하고 있다. 역량으로 가는 교육과정은 많이 아는 지식에서 실제 잘할 수 있는 능력을 강조하며, 교사들은 학습자가 교실에서 즐겁게 배우는 방법에 대해 더 많은 고민을 해야 한다는 관점을 강조한다. 이런 의미에서 메이커 교육의 가치는 직접적인 조작물을 가지고 흥미를 유지하여 학습자가 자발적인 학습을 한다는 데 있다.[14] 즉, 메이커 교육의 교훈은 실행단계에서 얻어질 수 있다는 점에서 역량 중심 교육과정과의 연계성을 찾을 수 있다. 메이커 교육을 통한 활동에서 문제해결에 어려움을 겪고 있는 학생들이 있다면 계속 새로운 전략을 시도해 보라고 격려해야 한다. 이미 메이킹 결과물을 산출한 유아가 있다면 결과물을 좀 더 좋게 만들기 위해 어떤 것

을 더 추가할 수 있을지 질문하고, 어떻게 하면 좀 더 신뢰도가 높고, 안정적이며, 유용하고, 미적으로 우수하며, 가치가 높고, 유연한 결과물을 만들 수 있을지 질문해야 한다. 이것이 메이커 교육의 가치이다.[25] 메이커 교육이 활발히 일어나는 교실은 아이디어와 창의력이 충만한 분위기를 가진다.

둘째, 유아는 유능하고 놀이하며 배운다.

만들기를 하는 아이들은 시간가는 줄 모르고 몰입한다. 몰입하는 동안 창조적인 놀이가 만들어진다. 이런 의미에서 만들면서 노는 것, 놀면서 만드는 것은 어쩌면 같은 말이라 생각된다. 메이커 교육을 통해 유아들이 무엇을 배우는가에 대한 질문의 답은 명백하고, 메이킹의 교육적 역할은 중요하다. 유아들은 항상 만들기를 즐기며 추상적인 생각을 손으로 만들어 가는 과정에서 몰입과 창의적 문제해결을 경험할 수 있다. 하지만 메이커 교육의 교육적인 효과에 대한 구체적이고 실제적 증거에 대한 연구는 제한적이다. 그럼에도 메이커 교육을 통해 유아들이 무엇을 배우는가에 대한 질문에 답은 명백하고, 메이킹의 교육적 역할은 중요하다. 유아들은 항상 만들기를 즐기며 추상적인 생각을 손으로 만들어가는 과정에서 몰입과 창의적 문제해결을 경험할 수 있다.

셋째, 교사는 자율성을 바탕으로 유아를 지원하며 성장한다.

유아의 놀이를 존중하는 교육과정을 실천하기 위해서 교사에게는 매 순간 교육적 판단을 하기 위한 자율권이 필요하다. 아이들이 문제를 통해 생각하는 것이 가능할 때, 아이들은 문제에 대한 해결책에 대해 다양한 방법으로 접근할 것이다. 교사가 아이들에게 스스로 시간을 관리하도록 하고, 다시 생각하고 개선하는 것을 허용할 때, 아이들의 자율성은 확보되고 아이들이 문제해결자로서 자신들의 능력에 대해 신뢰한다. 이는 메이커 교육에서 지향하는 바로, 교사는 유아들의 놀이상황에 자신이 개입하는 부분을 최소화하면서 만들기, 팅커링, 발명에 내재된 구성주의 학습으로 이끌 수 있어야 한다. 교사의 "내가 덜 간섭하고 학습자에게 좀 더 많은 권한과 책임을 줄 수 있는 방법이 있나요?"라는 질문에 대한 대답은 "우리에게는 더 조금, 그들에게는 더 많이(Less Us, More Them–이하 LUMT)"이다. LUMT는 학습과정에서 교사를 배제하는 것도 아니고 학습 환경에서 교사들의 전문지식의 중요성을 축소시키는 것도 아니다. LUMT는 어린이에게 좀 더 많은 권한과 책임을 부여함으로써 교실에서 교사가 갖는 기대와 표준을 높여가는 것이다. 이에 대해 피아제(Piaget)는 아이들의 겉으로 드러나는 행동을 바꾸는 것이 아니라 아이들 스스로 바꿀 수 있는 조건을 만드는 것이 교사의 역할이라고 말한다.

우리가 받은 교육은 그 이전의 시대의 것을 반영하는 것이다. 지금 교육을 받는 아이들은 또 앞으로 20년이 지나야 사회에서 역할을 맡기 시작할 것이다. 현재 시점에서 20년 후를 살아가는 아이들이 20년 전 시대의 교육을 받는 것이다. 그렇기 때문에 미래를 살아갈 아이들은 지금부터라도 지식을 쌓는 것이 아니라 함께 문제를 해결하는 능력을 키워야 하는 것이다. 앞으로의 사회는 기술이 경쟁력이다. 소비하는 것뿐만 아니라 만들어내는 기술이 중요하고, 만드는 것과 함께 공동체가 중요할 것이다. 실패를 두려워하지 않고, 아이디어를 비난하지 않는 창조적인 공동체를 만들어가는 문화를 창조해야 해야 하는데 메이커 교육이 그 방법이 될 것이라 생각된다.

> 어느 날 어떤 어머니가 어린 아들을 데리고 간디에게 찾아왔다고 한다. 아이가 단 것을 너무나 좋아해 이것을 고칠 수 있는 방법에 대한 조언을 구하기 위해 찾아간 것이다. 간디는 다른 얘기 없이 일주일 후에 다시 오라고 일렀다. 그리고 일주일 뒤에 모자가 다시 왔을 때 간디는 아이에게 "애야, 단 것을 많이 먹으면 이가 상한단다."라는 말을 한 마디 들려줬다. 아이의 어머니가 의아해하며 그런 말은 일주일 전에도 할 수 있는 것이지 않냐고 하자, 간디는 이렇게 말했다. "왜냐하면 저도 단 것을 몹시 좋아하기 때문입니다. 그것을 줄이기 위해서 일주일이 필요했습니다."

교사로서, 그리고 부모로서 바른 관점을 갖추는 것, 또 그것을 몸으로서 살아내는 것이 교육의 전부이다. 앞으로 세상은 더욱 더 빠른 속도로 변화할 것이다. 창의적 사회로의 변화, 최첨단화된 사회로의 변화는 사회적 요구이기도 하며 기회이기도 하다. 이를 대비하기 위해서 먼저 아이들을 '창의적 두뇌'

로 개발해 빠르게 변하는 세상에서의 삶을 제대로 준비할 수 있도록 도와야 한다. 창의적 사회에서의 삶을 아이들이 제대로 준비하도록 돕는 좋은 방법 가운데 하나는 그들이 자기의 관심을 좇아서 자기 아이디어를 탐구하고 자기 목소리를 내는 기회를 제공하는 것이다. 이런 기회를 이용하여 아이들에게 새로운 시대에 필요한 새로운 가치를 키워주려면 학부모, 교사, 디자이너, 정책 입안자, 학생 등 사회 각계각층의 뜻을 함께 모아야 한다. 어린이의 능력에 대한 깊은 존중을 바탕으로 어린이들의 디지털 미디어를 이용할 권리를 보호하고, 욕구를 충족시키고, 재능을 길러주며, 어린이들의 질문에 관심을 갖고 답하기 위해 노력해야 한다. 디지털 미디어를 활용한 교육 활동들은 어린이들이 흥미를 갖는 것에서 시작할 수 있고, 그 환경적 뒷받침이 '제3의 교사'라고 볼 수 있다.

참고문헌

1) 조숙인, 권미경, 이민경 (2017). 아동의 놀 권리 강화를 위한 지역사회 환경 조성 방안. **육아정책연구소 기본연구보고서 제7호.**

2) 송유미 (2016). 모바일 미디어에 나타난 놀이 현상 연구. 이화여자대학교 대학원 디자인학부영상디자인전공 박사학위논문.

3) British Columbia (2017, September 18). BC's Digital Literacy Framework. Retrieved from http://www2.gov.bc.ca/assets/gov/education/kindergarten-to-grade-12/teach/ teaching-tools/ digital-literacy-framework.pdf

4) 중앙일보 (2018). [톡톡에듀-교육 이슈] 떠오르는 교육 '디지털 리터러시를 아시나요' 2018.05.25

5) 한정선, 오정숙, 임현정, 전주성 (2006). 지식정보역량 개발 지원을 위한 디지털 리터러시 지수 개발 연구. 한국교육학습정보원 연구보고 CR 2006-13, p. 52.

6) 김수환, 김주훈, 김해영, 이운지, 박일준, 김묘은, 이은환, 계보경 (2017). 디지털 리터러시의 교육과정 적용 방안 연구. 한국교육학술정보원 연구보고 KR 2017-4, p. 68.

7) MediaSmarts (2015). Digital Literacy. Retrieved 19, January, 2018, from http://mediasmarts.ca/teacher-resources/digital-media-literacy-outcomes-province-territory/british- columbia/digital-literacy

8) 노은희, 신호재, 이재진, 정현선 (2018). 교과 교육에서의 디지털 리터러시 교육 실태 분석 및 개선 방안 연구. 한국교육과정평가원 연구보고 RRC 2018-7.

9) 이운지, 김수환, 이은환 (2019). 디지털 리터러시 교육과정 프레임워크 개발 연구. **교육연구논총, 40**(3), pp. 201-222.

10) iljuro (2018). SBA JOB & CAREER MAGAZINE, vol. 2.

11) 사이언스올 (2018). 디제라티(Digerati). https://www.scienceall.com/%EB%94%94%EC%A0%9C%EB%9D%BC%ED%8B%B0digerati/

12) https://sbasncc.tistory.com/1138 [SBA 아카데미]

13) Kafai, Y. B. & Burke, Q. (2017). **코딩의 귀환**[*Connected Code: Why Children Need to Learn Programming*]. (최윤희 역). 경기: 디뷰북스. (원저는 2014에 출판).

14) Martinez, S. L., & Stager. G. (2015). **메이커 혁명**[*Invent to learn*]. (송기봉, 김상

균 공역). 서울: 홍릉과학출판사. (원저는 2013에 출판).

15) Resnick, M. (2018). **평생유치원**[*Lifelong Kindergarten*]. (최두환 역). 경기: 다산북스. (원저는 2017에 출판)

16) Dougherty, D. (2012). The maker movement. *Innovations, 7*(3), 11–14.

17) 강인애, 김양수, 윤혜진 (2017). 메이커교육을 통한 기업가정신 함양: 대학교 사례연구. **한국융합학회논문지, 8**(7), 253–264.

18) Mingjie, T., Yongqu, Y., & Ping, Y. (2016). The influence of the maker movement on engineering and technology education. *World Transactions on Engineering and Technology Education, 14*(1), 89–94.

19) 정해운 (2002). 서울형 메이커 교육, 4차 산업 혁명을 준비하다. http://webzine-serii.re.kr에서 2019년 11월 8일 인출.

20) Blikstein, P. (2013). Digital fabrication and "making"in education: The democratization of invention. In J. Walter-Herrmann, & C. Buching(Eds.), *FabLabs: Of machines, makers, and inventors*. Bielefeld, Germany: Transcript.

21) Norton, M., Mochon, D., & Ariely, D. (2011). The 'IKEA Effect': When Labor Leads to LOVE. Harvard Business School Marketing Unit Working Paper, 11-091.

22) 조경미 (2017). 메이커 교육(Maker Education)에 기반한 유아과학교육 프로그램 개발 및 효과. 경성대학교 대학원 박사학위논문.

23) 이연승, 조경미 (2016). 유아과학교육에서 메이커 교육(Maker Education)의 의미 고찰. **어린이미디어연구, 15**(4), 1–22.

24) 영메이커 (2018). 메이커 교육, 현장에서 배우다. https://www.youngmaker.or.kr/contents/pm_images/2018/201806/ben/woo/8993/23467fbf-8929-4c72-a210-0dd90dafe6c3.pdf

25) Halverson, E. R., & Sheridan, K. M. (2014). The maker movement in education. *Harvard Educational Review, 84*(4), 495–504.

디 지 털 리 터 러 시

CHAPTER 3

교육 사례

디지털
리터러시
교육 사례

리터러시(Literacy)는 문자화된 기록물을 통해 지식과 정보를 획득하고 이해할 수 있는 능력을 말하며, 디지털 리터러시(Digital Literacy)는 글을 읽고 쓸 줄 아는 것처럼 디지털을 활용할 줄 아는 역량을 말한다. 즉, 디지털 리터러시는 디지털 시대의 미디어 문해력이며 디지털 미디어를 사용하기 위해 요구되는 지식, 기술, 능력을 의미한다.

이러한 디지털 리터러시라는 개념은 앞 챕터에서 소개한 바와 같이 1997년 길스터(Paul Gilster)가 자신의 책에서 "컴퓨터를 통해 다양한 출처로부터 찾아낸 여러 가지 형태의 정보를 이해하고 자신의 목적에 맞는 새로운 정보로 조합해 냄으로써 올바로 사용하는 능력(Ability to understand and use information multiple formats from a wide range of sources when it is presented via computers)"이라고 처음 소개하였다.[1)]

현재 미디어 리터러시(Media Literacy)와 디지털 리터러시(Digital Literacy)는 어느 정도 혼재하여 사용되고 있는데, 이 용어들은 중첩되면서 다소 구분되는 특성을 지닌다. 디지털 리터러시를 상위 개념으로 보는 입장과 반대로 미디어 리터러시를 상위 개념으로 보는 입장, 그리고 핵심 내용을 교집합으로 공유하는 관계로 보는 입장도 존재한다. 이번 챕터에서는 해외 및 우리나라의 디지털 리터러시 교육 사례를 살펴볼 것이다. 그러나 기존의 선행연구를 토대로 정리하여, 두 개념을 명확히 구분하여 기술하지 못한 한계가 있다.

시대적 흐름으로 살펴보면 미디어 리터러시는 1990년대 후반 이후부터, 디지털 리터러시는 2000년대 이후부터 사용되기 시작한 개념이다. 초기에는 스크린 및 방송에서 전달되는 방송 언어를 이해하는 정도의 미디어 리터러시였으나, 최근에는 다양한 디지털 미디어를 이해하는 디지털 리터러시로 그 범위가 확장되었다. 이 능력은 단순히 미디어가 전달하는 메시지를 이해하는 것뿐만 아니라 미디어 선택 및 이용, 제작과정 참여 등 능동적인 개념으로 이해된다. 디지털 미디어는 사람과 사람을 연결해주는 역할을 하기 때문에 디지털 시대를 살아가는 우리에게 디지털 리터러시 능력은 필수적이다. 즉, 디지털 사회를 살아가는 모든 사람이 관련 윤리와 가치를 정립하여 차별 없이 디지털 미디어를 이용할 수 있도록 디지털 리터러시 능력을 함양시키는 것이 중요한 것이다.[2)] 미디어 리터러시 접근에서의 비판적 사고, 시민성 외에 공동체 의식 및 공감능력, 관계능력, 갈등관리 능력 등이 필요하기 때문에 디지털 리터러시 접근이 주목받고 있다.

해외 디지털 리터러시 교육 사례

핀란드

핀란드는 초등학교에서 대학원 박사과정까지 모든 교육비가 무료인 나라로, 세계 교육 경쟁력에서 1위를 차지하고 있다. 핀란드는 2016년 8월 1일부터 적용된 새로운 국가수준 교육과정에 멀티리터러시(multiliteracy)를 제시함으로써 디지털 리터러시 관련 교육을 학교 안에서 실행할 수 있는 법적인 근거를 마련하였다.[3] 멀티리터러시는 "다양한 텍스트 환경 속에서 말하기와 듣기에 관련된 텍스트와 복합양식 텍스트를 해석하고 만들고 평가할 수 있는 능력"을 뜻한다.[4] 멀티리터러시는 미디어 리터러시의 개념과 실천 중심의 디자인 기반 교수법이 결합된 것으로, 다양한 맥락과 상황에서 다양한 양식과 도구를 활용하여 정보를 수집하고 결합, 변형, 생산, 제시, 평가하는 능력을 일컫는다. 학생들은 전통적 또는 디지털 학습 환경에서 기술과 미디어를 다양한 방식으로 활용해 봄으로써, 학교 밖의 시민사회 및 공동의 일에 참여하기 위한 지식, 경험, 방법을 익히게 된다.[5][6]

멀티리터러시와 함께 핀란드 교육과정에서 중요하게 생각하는 것은 코딩교육과 ICT 역량이다. 코딩교육의 경우 단순히 코딩을 가르치는 것이 아니라 미디어 교육과 연계하여 실천한다. 핀란드에서 코딩은 수학, 물리, 화학 교과목 안에 포함되는데 코딩을 직접 실행해 보는(hands-on) 방식으로 가르치며 일종의 언어로 접근하고 있다. 또한 학습자로 하여금 온라인에서 접하는 정보나 서비스가 어떻게 만들어지고 어떻게 홍보되고 있는지를 연결하여 생각해 보도록 교육함으로써 프로그래밍 교육뿐만 아니라 비판적 사고 및 이해를 향상할 수 있도록 돕고 있다.

ICT 역량은 멀티리터러시와 구별하여 제시하고 있으나 궁극적으로는 멀티리터러시의 일부로 하위 개념이다. ICT 활용 교육은 미디어 교육과의 결합을 통해서 이루어지고 있는데, 이로 인해 미디어 교육 연구자와 ICT 활용 분야 연구자들의 협업관계가 더욱더 증진되었다고 한다. 온라인 교육을 실시할 때에도 학습자의 비판적 이해 능력 함양을 고려하도록 한다.[5][6]

핀란드는 초등학교 3학년부터 미디어 리터러시 교육을 국가 수준에서 전 교과에 걸쳐 실시하고 있는데 이는 오랜 식민 통치 역사의 영향이라고 볼 수 있다. 핀란드는 스웨덴과 러시아의 식민 통치를 오랜 기간 동안 받았는데, 이 시기의 신문은 정부 기관의 선전지였다. 따라서 신문 기사의 의도를 파악하고 판단하기 위해 기사 내용을 비판적으로 읽어야 했고 이는 독립의 기반을 마련해 주었다.[7]

핀란드 미디어 리터러시 교육은 세 단계로 이루어진다. 먼저 1단계는 자신의 생각을 말과 글로 표현하는 단계로 초등학교 3학년 때부터 시작된다. 학생들은 도서관에서 필요한 자료를 직접 찾고 수집하여 글로 표현하고 이를 말로 옮긴다. 이때 자료는 뉴스에 나오는 지역사회 문제나 핀란드의 현안 문제와 관련된 것이며 말하기와 글쓰기의 시작부터 그 소재를 미디어 뉴스에서 찾으면서 자유스럽게 사회적 이슈 및 시사적인 주제에 관심을 가지도록 함으로써 민주시민으로 성장할 수 있는 발판을 마련하고 있다. 2단계는 뉴스를 직접 제작하는 단계로, 학생들이 신문 기사를 작성하거나 동영상 뉴스를 제작한다. 핀란드의 미디어 리터러시 교육은 학교뿐 아니라 지역사회 및 미디어 단체와의 협업을 통해 이루어진다. 참고로 2016년에는 공영방송 일레가 리터러시 교육에 앞장서 뉴스 교육용 앱을 만들고 학생들의 뉴스 제작을 지원하고 직접 제작한 뉴스를 방송하기도 하였다. 뉴스 제작은 학생 주도로 이루어지지만 교사 및 전문 언론인의 도움을 받을 수 있으며, 일회적 행사가 아니라 교과 수업과 긴밀하게 연결되어 상시적으로 이루어진다. 이러한 과정 속에서 학생들은 진짜 뉴스와 가짜 뉴스, 좋은 뉴스와 나쁜 뉴스를 구분할 수 있는 비판적 안목을 가질 수 있게 된다. 마지막 3단계는 동일한 사건에 대해 다양한 관점의 뉴스를 비교, 분석하며 비판적 사고를 기르는 과정이다. 동일한 사건에 대해 왜 특정 언론은 다른 방향으로 보도했는지 분석하고 토론하는 과정에서 학생들은 비판적 사고를 기르게 된다.

2016년부터 도입된 멀티리터러시는 이러한 기존의 신문 중심 미디어 리터러시 교육에서 신문과 방송을 포괄하는 교육으로 확대한 것이며, 세계화 추세에 걸맞게 다문화에 대한 이해를 강화하는 데 초점을 두고 있다.[7)]

프랑스

프랑스는 국가 차원에서 미디어 리터러시 교육을 하는 국가 중 하나로, 교육문화부 산하의 끌레미(CLEMI: 교육과 정보 미디어 연계 센터)에서 그 역할을 담당하고 있다. 프랑스의 미디어 관련 교육은 여러 교과목 내에 자연스럽게 통합되어 이루어지고 있으며, 끌레미는 학생들의 미디어 관련 지식과 비판적인 분석 능력 습득, 학생들의 신문, 라디오 프로그램 제작 등 다양한 디지털 콘텐츠 제작 지원, 미디어 교육 교사 양성, 미디어 교육 자료 생성, 학교 미디어 제작 지원 및 미디어 교육 프로그램 제공 등을 하고 있다. 4~5년 주기로 사회가 필요로 하는 미디어 교육을 조사한 후 세부목표를 설정하는데, 그동안은 인간애를 위한 교육, 표현의 자유에 대한 교육, 디지털 책임감을 위한 교육 등이 있었다.[4)8)]

최근에는 미디어와 정보교육으로 그 범위를 확장하였는데, 이는 디지털 기술의 발달로 인해 정보의 과부하 현상이 일어남으로써 정보를 합리적이고 자율적으로 이용할 수 있는 능력이 더욱더 강조되고 있는 시대 현상을 반영한 것이다.[3)]

끌레미는 유치원부터 전 연령대의 학생 수준에 맞춰 미디어 교육 로드맵을 만들고 학교와 언론사, 시민단체 간 다리 역할을 하여, 각 학교 또는 교사가 독자적으로 운영하기에 다소 어려움이 따르는 미디어 리터러시 교육의 전문성을 높였다. 정부 산하이지만 독립적으로 운영되기 때문에 미디어 관계자들은 물론 학자, 일반 시민까지도 참여하여 미디어 교육 관련 중립적이고 공정한 의견을 제시할 수 있다.

2014년 7월부터는 교육법 L332-5조에 의거하여 미디어와 정보 교육을 모든 중등 교육과정에서 의무적으로 시행하며, 정보사회에 필요한 지식과 역량, 시민권을 행사하는 능력을 함양하는 데 중점을 둔다. 학생들은 여러 미디어를 비교하면서 같은 사실이 어떻게 다르게 나타나고 왜 다른지에 대해 생각하는 시간을 가진다. 이러한 시간을 통해 정보홍수 속에서 무엇을 어느 정도 믿어야 하는지에 대해서 비판적 시각을 자연스럽게 학습하게 된다. 또한 SNS를 이용할 때 개인정보 보호 등 지켜야 할 규칙들을 알고 지키도록 하고 자신의 디지털 능력을 점검할 줄 아는 미래 시민 양성을 목표로 두고 있다.[8]

캐나다

캐나다의 미디어 리터러시 교육은 1960년대 미국 대중문화의 확산에 대한 우려와 새로운 교육 패러다임을 위한 교육 체계 개편으로 필요성이 인식되어 시작되었다. 캐나다 영화교육협회(Canadian Association for Screen Education)는 1960년대 말에 미디어 교사 모임을 가졌고, 1978년 미디어 리터러시 협회(Association for Media Literacy)를 결성하여 본격적으로 미디어 교육을 시작하였다. 이러한 배경으로 캐나다의 미디어 리터러시 교육은 영화 교육의 하나로 시작되었다. 1992년 교육자 및 미디어 전문가들이 캐나다 미디어 교육 협회(Canadian Association for Media Education)를 만들어 미디어에 대한 교육, 미디어 교육 장려, 미디어에서의 캐나다의 문화적 표현을 독려하기 시작하였다.

비영리 단체인 미디어스마트(MediaSmarts)는 1994년에 캐나다 영화위원회(National Film Board of Canada) 산하에서 '미디어 인식 네트워크(Media Awareness Network)'로 출발하였다. 이후 미디어 기업, 정부, 교육계, 도서관, 비영리 부문이 모여 1996년 비영리 기관으로 독립하였고 디지털 시대를 맞아 2012년부터 미디어스마트로 명칭을 변경하였다. 미디어스마트는 K-12 대상 디지털 미디어 리터러시 교육, 올바른 미디어 이용에 대한 공중 인식 제고, 어린이 및 청소년의 인터넷 이용 관련 연구 및 정책 개발 등의 활동을 하고 있다.[2]

미디어스마트는 디지털 시대를 맞아 기존의 미디어 리터러시에서 디지털 리터러시로 개념이 확대되었다.[9] 구체적으로 기존의 미디어 리터러시가 미디어 내용에 대한 이용자의 비판적 시각 및 이해에 초점을 맞추었다면, 디지털 리터러시는 디지털 사회를 살아가는 데에 필요한 개인적 · 기술적 · 지적 기술을 습득하는 것이다. 미디어와 디지털 리터러시를 결합하여 기존의 비판적인 사고 및 리터러시 능력 함양뿐만 아니라 디지털 시대의 현명하고 안전하며 윤리적인 미디어 참여 능력까지 범위를 확장하였다.

미디어스마트는 디지털 리터러시가 캐나다 각 주의 학교 교육과정에 어떻게 반영하고 있는지 조사 · 분석하여 자료를 제공하는 역할도 한다. 또한 4단계 학년별(유치원~3학년, 4~6학년, 7~8학년, 9~12학년)로 발달과정 및 교육내용을 제시하고, 학교 교육과정 연계 실제 수업에서 활용할 수 있는 수업계획안 및 달성 목표를 제시하여 도움을 제공하고 있다.

호주

호주는 1970년대부터 정부 주도로 미디어 교육 관련 커리큘럼을 개발하고 교과 교육과정에 포함하여 시행함으로써 모든 학생들이 미디어 교육을 받을 수 있는 체계를 마련하였다. 호주의 미디어 리터러시 교육은 유해한 대중매체에 대한 예방교육 차원에서 시작되어 정부 및 민간의 협력하에 미디어 교육을 교과목으로 포함시키는 과정을 거치며 발전했다. 사회의 다양한 현상을 미디어를 활용하여 하나의 영상으로 제작하는 수업을 통해 학생들이 미디어 이용의 능동적 주체가 되는 교육이 특화되어 있고 각 주별로 자율적으로 교육과정에 포함시켜 미디어 리터러시 관련 교과과정을 운영한다.[10][11] 호주의 국가 교육과정에는 '디지털 기술' 교과목이 있으며, 그 내용은 ICT 리터러시, 정보 리터러시, 비판적 리터러시 등을 포함하고 있다. ICT 리터러시는 테크놀로지 기술의 이해와 적용, 웹 기반 도구의 기능 이해, 멀티미디어의 목적과 소셜 네트워킹을 위한 기술 활용으로 구성되어 있고, 정보 리터러시에서는 정의하기, 찾아내기, 선택하기, 조직하기, 제시하기, 평가하기를 제시하고 있다. 비판적 리터러시는 이해를 질문하기, 복합적 관점에 대해 사유하기, 사회적 개인적 연결 찾기, 성찰하기를 포함하고 있다.[6]

호주에서는 미디어 아트 과목을 정규 교과에 포함해 창의적 미디어 제작 및 표현을 강조하고 있다. 2012년부터 예술과목을 주요 과목으로 변경하여 미디어와 예술교육을 통합한 미디어 아트교육을 실시하고 있다. 모든 학생은 학교 입학 첫해부터 지속적으로 음악과 연극을 배워 창의력을 키우고 감각과 상상력을 개발할 수 있도록 예술분야에서도 미디어 리터러시 역량을 강화하고 있다.[11]

호주의 미디어 교육은 방송통신청(Australian Communications and Media Authority)의 주도로 시작되었고, 2013년에는 디지털 시민권 향상과 온라인 참여 촉진을 위한 디지털 시민 가이드를 발표하면서 디지털 미디어 리터러시의 중요성을 알린 바 있다. 2015년부터는 온라인안전위원회(eSafety Commissioner)로 업무가 이관되어 운영되고 있다. 온라인안전위원회는 호주 국민들이 안전하게 온라인 활동을 할 수 있도록 돕는 것을 목표로 2019~2020년 온라인 안전 전략 보고서를 통해 투명하고 공정한 규제와 조사활동을 하고, 시민들의 공감을 얻는 서비스를 제공하며, 협력적이고 책임감 있는 온라인 문화를 지원하고자 하였다. 2018년에는 호주 공영방송인 ABC(Australian Broadcasting Corporation)가 처음으로 미디어 리터러시 주간을 개최하여 전 연령층의 호주 국민들을 대상으로 미디어 리터러시 교육의 중요성을 전파하기도 하였으며, 민간 영역에서는 호주 미디어 교사 연합과 캔버라대학 미디어 연구센터 등에서 관련 연구가 활발히 진행되고 있다.[2)]

영국

영국의 미디어 리터러시 교육은 1960년대 문학비평과 창작의 도구로 시작되어 1980년대 학교 교육에 도입되었다. 1990년대에 들어서면서 미디어 수용자의 능동적인 미디어 이용을 강조하였는데, 2000년대 이후 디지털 리터러시 정책으로 확대되게 되었다. 영국의 디지털 리터러시 교육은 기본적으로 미디어에 대한 비판적 이해와 적극적인 활용, 그리고 능동적인 제작 교육에 초점을 두고 있다.[11)]

학교에서의 미디어 교육은 영어(모국어)교육을 중심으로 독립 교과와 통합교과 형태로 병행된다. 영어 과목에 포함하여 1년에 약 6주 정도 미디어 '읽기'를 통해 이루어지거나 중등학교 졸업시험 GCSE와 대학입학시험 A-level 단계에서 독립 교과목인 '미디어 연구'를 선택할 수 있도록 하였다. 영국의 모국어 중심 미디어 교육은 모든 아이에게 미디어 교육을 실시하기

위한 것으로 해석된다.11)

영국의 미디어 리터러시 교육의 주체는 방송통신 규제기관인 오프콤(Ofcom), 디지털문화미디어스포츠부, 교육부 등이고 여러 산하 기관들이 협력하고 있다. 또한 영어미디어센터, 영국영화협회, 런던대학교 등이 다양한 미디어 리터러시 프로그램과 학습 관련 자료들을 개발하여 미디어 리터러시 교육을 담당하고 있다.11)

영국의 공영방송인 BBC의 활동도 눈여겨 볼 필요가 있다. BBC는 프로그램 제작이나 웹사이트 운영을 통해 미디어 리터러시 역할 강화 활동을 전개하고 있다. 인터넷 초보자에게 실용적인 가이드라인을 제공하는 웹와이즈(Webwise) 운영, 자녀들이 어떤 프로그램을 사용하는지 알려주어 부모들이 비밀번호 컨트롤이 가능한 가이던스 라벨링 제공, 11~14세 청소년들이 직접 제작한 뉴스를 방송할 기회를 제공하는 BBC 뉴스 스쿨 리포트, 어린이 대상 직접 영화 제작 및 스토리텔링 활동 등이 있다.12)

싱가포르

싱가포르는 독립적이고 고유한 미디어 교육법은 부재하지만 문화부나 교육부는 다른 민간기구 및 정보통신 사업자들과의 유기적 협력을 통해 다양한 미디어 리터러시 정책을 시행하고 있다. 싱가포르의 국가 교육과정에서는 21세기 핵심가치로 존중, 책임감, 인격, 배려, 회복력, 조화를 제시하였다. 그리고 '시민적 리터러시, 세계 인식 및 간문화적 기술', '비판적이고 혁신적인 사고', '커뮤니케이션 협력과 정보기술'이라는 세 가지 핵심역량과 '자기인식', '자기관리', '책임 있는 의사결정', '관계관리', '사회적 인식'의 다섯 가지 자질을 제시하였다. 이 중 '커뮤니케이션, 협력과 정보기술' 역량은 디지털 리터러시와 직결되는 것으로 인터넷 활용 정보 탐색 및 적절하고 유용한 정보 추출, 사이버 공간에서의 윤리적 실천, 존중받을 수 있는 태도와 책임감, 의사결정, 명료하고 효과적인 커뮤니케이션을 강조한다.[13]

싱가포르는 교육에서의 ICT에 대한 새로운 비전인 '마스터 플랜 4' 정책[14]을 통해 미래를 준비하는 책임감 있는 디지털 학습자 양성을 비전으로 세웠다. 교육과정, 평가, 교수 · 학습에 ICT를 통합한다는 내용을 포함하고 있다. 즉, ICT와 학습 자원을 교과 교육과정, 교수 · 학습, 평가의 시작과 끝에 통합하여 학교 교육과정을 넘어 디지털 학습자를 양성한다는 것이다. 심화된 디지털 학습의 내용으로 사이버 복지와 뉴 미디어 리터러시를 포함하도록 하였다.[14]

2012년에 설립된 싱가포르의 미디어 리터러시 위원회(Media Literacy Council, MLC)는 미디어 리터러시 및 건전한 사이버 문화를 구축하기 위한 공교육 강화에 목표를 두고 있다. MLC는 정보통신미디어 개발청(IMDA)이 주도하여 민간 및 지역사회, 정부의 협력 하에 미디어 리터러시 교육을 지원한다.[15] 싱가포르 국민이 미디어의 내용을 효과적으로 평가하여 사용하고 창조하며 안전하고 책임감 있게 공유할 수 있도록 그 능력을 기르는 데 목적을 두고 있으며, 미디어 산업, 지역사회, 정부와 함께 협력하여 책임감 있는 참여 문화를 증진하려는 과업을 갖고 있다. 미디어 리터러시 위원회는 미디어 리터러시의 핵심가치와 기능으로 공감, 책임감, 존중, 인격, 다른 사람에게 긍정적인 영감 주기, 통찰력과 분별력을 제시하고, 미디어와 인터넷, 미디어 쟁점, 온라인 안전 등을 주제로 한 우수 실행 사례와 교육자료를 웹사이트를 통해 제공하고 있으며 학생, 교사, 부모 대상으로 교육자료를 개발 · 보급하고 있다.[6] 2013년부터는 '안전한 인터넷 사용의 날(Safer Internet Day)'을 규정하여 인터넷 및 모바일 기술 관련 안전하고 책임 있게 사용하기 위한 각종 행사와 캠페인을 전개하고 있다. 2014년 4월부터는 지역사회에서 디지털 리터러시 교육을 장려하기 위해 'Internet X Youths Better Internet(CFP) 프로젝트'를 시행하고 있다. 교육부 산하의 각급 학교와 고등교육기관, 자치단체, 복지봉사단체, 청소년단체 등의 공공단체와 민간 및 시민단체들이 참여하여 디지털 리터러시에 관한 주요 이슈를 확대하고 있다. 또한 MLC는 'Media-Wise: a SMART guide for YOUths'(2015)라는 인터넷과 사용미디어 이용자들을 위한 지침서를 발행하여 안전하고 스마트하며 친절한 네티즌 실천 방안을 제시하기도 하였다.

싱가포르의 사이버 웰니스 운영 위원회(The Inter-Ministry Cyber

Wellness Steering Committee, ICSC)의 활동도 눈여겨볼 만하다. 사이버 웰니스란 인터넷 이용자의 긍정적인 웰빙(Well-being)을 가리키는 것으로 정보통신기술(ICT)의 윤리적, 법적 문제뿐만 아니라 안전하고 책임감 있는 인터넷 이용과 관련된 문제를 포함한다. ICSC는 교육부, 미디어진흥청, 산업진흥청 등이 참여한 통합기구로서 민간, 정부, 학계의 협조 아래 사이버 공간의 어린이 보호 방안을 모색하고 있으며 인터넷 및 모바일 기술의 긍정적 이용을 위한 비영리사업이나 관련 프로그램을 지원하는 프로젝트 등을 시행하고 있다. 어린이와 청소년을 위한 프로그램으로는 건전한 디지털 미디어 이용 습관 촉진, 위험한 온라인 관계 통제, 사이버 불링 관리, 바람직한 사이버 위생 실천 등이 있다.[15]

우리나라의 디지털 리터러시 교육 사례

우리나라는 현재 디지털 리터러시 교육을 구체적으로 명시하여 의무화한 법률은 없다. 다만, 국가정보화 기본법, 방송통신발전 기본법, 문화예술교육 지원법에서 미디어 관련 교육에 대한 내용을 부분적으로 다루고 있다.[2] 구체적으로 살펴보면, 「국가정보화 기본법」 제30조의8제1항은 국가기관 및 지방자치

단체는 인터넷 중독의 예방 및 해소를 위하여 필요한 교육을 실시할 수 있다고 규정하면서 교육기관별 인터넷 중독 예방 및 해소를 위한 교육횟수와 행정적 점검에 대하여 명시하고 있고, 「방송통신발전 기본법」 제26조제1항제7호는 방송통신발전 기금의 용도 중 하나로 시청자가 직접 제작한 방송 프로그램 및 미디어 교육 지원을 명시하고 있다. 「문화예술교육 지원법」 제2조제1호에 따르면, "문화예술교육"에 「문화산업진흥 기본법」 제2조제1호의 규정에 따른 문화산업이 포함되어, 필요한 문화예술교육을 실시하도록 규정하고 있다.

우리나라의 디지털 리터러시 교육은 여러 정부부처와 산하기관 및 관련 기관들이 신문, 방송, 인터넷 등의 미디어와 게임, 영화 등의 문화예술 분야에서 개별적으로 시행하고 있다. 한국언론진흥재단, 한국인터넷진흥원, 한국정보화진흥원 등을 대표적으로 거론할 수 있는데, 미디어 교육 실시 기관 및 부처 현황을 살펴보면 다음의 **표 3-1**과 같다.[6)16)]

우선, 한국언론진흥재단은 2015 개정 교육과정에서 강조하고 있는 의사소통 역량과 지식정보처리 역량 등 핵심역량과 관련된 뉴스 리터러시를 중점적으로 실시하고 있다. 뉴스 리터러시는 미디어 리터러시와 디지털 리터러시가 중첩되는 영역에 위치한다. 이는 디지털 미디어의 발달에 따라 뉴스는 신문의 지면이나 텔레비전의 화면에 국한되지 않고, 인터넷 포털 소셜 미디어 유튜브 등을 통해 생산되고 유통되고 있기 때문이다. 한국언론진흥재단은 학교 교사들이 뉴스 리터러시 중

표 3-1 미디어 교육 실시 기관 및 부처 현황

기관명	중심교육	주관부처
한국언론진흥재단	뉴스 리터러시, NIE	문화체육관광부
한국인터넷진흥원	인터넷 리터러시	방송통신위원회
한국정보화진흥원	인터넷(디지털) 리터러시 디지털 격차 해소	방송통신위원회 과학기술 정보통신부
시청자미디어재단	시청자미디어센터를 통한 미디어 교육	방송통신위원회
영화진흥위원회	지역미디어센터를 통한 미디어 교육	문화체육관광부
한국콘텐츠진흥원	게임 리터러시 콘텐츠 인재양성	문화체육관광부
방송통신심의위원회	미디어 윤리의식	방송통신위원회
한국문화예술 교육진흥원	문화예술교육	문화체육관광부
시 · 도교육청	미디어 리터러시	교육부/ 시 · 도교육청

심의 미디어 리터러시 교육을 교과 수업 또는 창의적 체험활동으로 진행할 수 있도록 수업지도안과 교수 학습자료를 개발하여 온라인 정보 포털 미디어 교육 포미(https://forme.or.kr/)를 통해 보급하고 있으며, 교사 연수 및 미디어 전문 강사 파견을 지원하고 있다. 또한 매년 가을 전국의 유 · 초 · 중 · 고 교사들 대상 '미디어 교육 전국 대회'를 개최하여 우수 수업 사례 발표 및 공유, 교사들의 해외 미디어 교육 현장 연수, 교사들의 전문적 학습 공동체 활성화를 위한 교과연구회 지원, 미디

어 리터러시 교육의 사회적 인식 제고와 정보 제공을 위한 미디어 리터러시 계간지 및 웹진 발간 등을 지원하고 있다.

다음으로, 한국정보화진흥원은 디지털 문화본부와 스마트쉼 센터를 중심으로 정보윤리 및 인터넷 과의존 예방 교육, 바람직한 정보문화 조성을 위한 정책 개발, 유아 · 어린이 · 청소년 · 성인에 이르는 전 연령의 국민을 대상으로 인터넷윤리, 사이버폭력 예방 등을 중심으로 한 정보문화교육을 시행하고 있다. 건전한 사이버 문화 조성을 위해 바른인터넷유아학교, 장애청소년인터넷윤리교육, 학부모 대상 밥상머리(성인) 인터넷윤리교육, 교사 대상 인터넷윤리교원연수를 마련하여 계층별 맞춤형 교육을 진행하고 있으며, 특수학교 장애청소년, 지역아동센터 및 방과후아카데미 청소년을 대상으로 한 인터넷윤리교육도 실시하고 있다. 사이버폭력 예방교구 개발, 인터넷윤리순회 강연, 찾아가는 교육 뮤지컬(공연교육), 한국인터넷드림단(청소년 동아리 활동 지원) 등 프로그램도 다양하다. '아름다운 인터넷 세상(https://www.아인세.kr/)' 홈페이지를 통해 교육 프로그램 모집 관련 정보 및 연구 자료 공유가 이루어진다.

이 외에 민간단체에서 이루어지는 디지털 리터러시 교육을 살펴보면, 대표적인 곳이 '사이좋은 디지털 세상'과 '디지털 리터러시교육협회' 등이다. 사이좋은 디지털 세상(https://www.digital7942.org/)은 카카오톡 그룹이 비영리 단체인 '푸른나무청예단'과 함께 진행하는 것으로, 전문 강사를 교육해 학교로 파견하는 프로그램과 디지털 시민성을 주제로 한 컨퍼런스 개최 및 캠페인을 수행하고 있다. 디지털리터러시교육협회(https://www.cdledu.org/)는 구글코리아의 지원을 받아 디지털 리터러시 교육 프로그램을 구성해 실행하고 있다. 디지털리터러시협회에서는 디지털 리터러시 교육의 목표로 '디지털 시민으로서 법과 윤리를 지키기, 디지털 콘텐츠 찾기, 디지털 콘텐츠 분석하기, 디지털 콘텐츠 생산하기, 디지털 콘텐츠를 활용하여 공부와 진로 찾기에 도움 되도록 하기, 디지털 친구/이웃과 소통하고 나누기' 등의 6가지를 제시하고, 디지털 미디어 기업의 기부를 받아 어린이, 청소년, 성인의 디지털 리터러시 교육을 무료로 진행하고 있다. 이 중 청소년/어린이 교육 프로그램에는 디지털 리터러시, 디지털 미디어 리터러시, 디지털 시민교육, 디지털 문화예술교육, 디지털 공감교실 등이 있다.

디지털 리터러시 교육협회[17]는 다음의 표 3-2 에서 보듯이, 디지털 리터러시 교육 프레임워크를 디지털 윤리(Digital Ethic) 교육과 디지털 능력(Digital Ability) 교육 이외에 디지털 적용(Digital Application) 교육을 별도의 영역으로 구분한다. 디지털 활용의 적절성, 자기계발 활용 여부, 자기통제와 절제 등 자기관리, 정보와 지식 나눔, 디지털의 공익적 · 이타적인 사용 등 개인적 태도와 사회적 태도를 강조했으며, 디지털 커뮤니케이션 리터러시에서 관계관리, 위기관리, 갈등관리를 추가하였다. 이처럼 디지털 리터러시는 초기에는 정보 중심의 협의적 의미로 정의되었으나, 최근에는 관계적 측면과 사회적 기여 등 태도적인 면을 강조하고 있다.

표 3-2 디지털 리터러시 교육협회의 디지털 리터러시 교육 프레임워크

구분	영역	세부내용
디지털 윤리 교육 (Digital Ethic)	법적 권리와 책임 (Legal rights and responsibilities)	• 인터넷 안전 및 보안 • 개인정보 보호와 존중 • 저작권, 초상권 등 보호와 존중 • 프라이버시 보호와 존중
	도덕적 가치와 의무 (Moral Values and Duties)	• 자기 정체성과 존중 • 정보 생산 및 소비 윤리 • 표현의 자유와 책임 • 사이버 폭력
디지털 능력 교육 (Digital Ability)	디지털 테크놀로지 리터러시 (Digital Technology Literacy)	• 디지털 기술 트렌드 파악 능력 • 디지털 기술의 사회 영향 이해 능력 • 디지털 기술에 대한 인문적학 사고
	디지털 데이터 리터러시 (Digital Data Literacy)	• 데이터 수집 및 집계 방법 이해 • 데이터 분석 • 빅데이터 해석 및 활용 능력 • 데이터 정리 및 표현
	디지털 콘텐츠 리터러시 (Digital Contents Literacy)	• 콘텐츠 소비자 분석 및 기획 능력 • 창의적 사고와 아이디어 • 디지털 도구 활용 능력 • 문화, 예술적 안목
	디지털 미디어 리터러시 (Digital Media Literacy)	• 정보 검색 및 처리, 관리 능력 • 균형 잡힌 정보의 소비 • 비판적 사고 • 미디어 활용 능력
	디지털 커뮤니케이션 리터러시 (Digital Communications Literacy)	• 디지털 미디어 활용 소통 능력 • 디지털 세상에서의 관계관리 능력 • 디지털 세상에서의 위기관리 능력 • 디지털 세상에서의 갈등관리 능력 • 디지털 지문과 평판
디지털 적용 교육 (Digital Application)	자기관리 (Self Management)	• 디지털 활용 적절성 • 자기계발 활용 • 자기 통제/절제 관리 • 건강한 의사결정 • 문제해결
	사회기여 (Social Contribution)	• 정보와 지식의 나눔 • 디지털 활용 능력의 건강한 사용 • 공익적, 이타적 행동

[읽을거리 1] 유아와 디지털 리터러시*

1990년대 초기에는 디지털 매체가 유아들을 고립시킬 수 있고 전인발달에 적합하지 않다는 이유로 유아교육기관 도입에 대해 우려의 목소리가 있었다. 그러나 1990년대 중반과 2000년대 초, 컴퓨터가 유아교육에 본격적으로 도입되면서 유아에게 적합한 교육용 소프트웨어가 컴퓨터 영역에서 활용되었다. 그러나 이 시기까지는 컴퓨터를 학습도구로 인식하고 사용하였을 뿐, 유아들이 디지털 매체를 활용하는 주체적인 역할을 담당했던 것이 아니기 때문에 유아들의 디지털 리터러시 능력에 대한 논의를 하기에는 한계가 있다.

2000년대 중반 이후부터는 현대 사회의 변화와 유아의 특성에 대한 시각이 이전과 달라지면서 유아의 디지털 리터러시에 대한 논의가 시작되었다. 먼저 현대 사회의 디지털 매체는 빠르게 변화하여 컴퓨터 외에도 태블릿 PC, 아이패드, 스마트폰이 개발되면서 인터넷 기반의 이러닝(E-Learning), 이동통신 기술을 활용한 모바일 학습(M-Learning), 로봇기술을 활용한 로봇기반학습(R-Learning)과 시공간 제약을 극복하는 유비쿼터스 학습(U-Learning) 등이 등장하게 되었다. 더불어 유아들도 쉽게 이용할 수 있는 입력장치인 마우스, 터치스크린 등이 개발되면서 관련 교육활동도 이루어지게 되었다. 유아들은 프로젝트 활동에 디지털 카메라를 활용하였으며 스마트폰, 스마트패드, 전자칠판 등과 같은 상호작용이 가능한 디지털 매체를 활용하기 시작하였다.

디지털 매체가 유아교육기관의 활동과 놀이 속에서 수단으로 활용될 때 유아들의 질 높은 상호작용이 촉진되고 탐구욕구가 확장되는 것으로 연구되었다. 이에 유아교육에서의 놀이도 이전과는 달리 디지털 매체가 포함된 놀

* 본 내용은 "정봄마지(2013). UCC 제작활동이 유아의 디지털 리터러시와 정보윤리의식에 미치는 영향. 이화여자대학교 석사학위논문. pp.17–20"의 내용을 요약 · 정리하였다.

이로 재개념화해야 한다는 주장이 제기되었으며, 디지털 매체가 교육적, 발달적, 문화적으로 의미 있는 방법으로 통합될 때 유아의 경험과 학습에 대한 가능성이 무한해진다는 의견들도 나왔다.

여전히 유아들의 발달 특성을 이유로 교실 환경에서 디지털 매체를 도입하는 것에 대한 비판적인 입장이 있다. 그러나 유아기에 디지털 매체를 바르게 활용하는 교육을 받은 유아는 성인이 되어서도 디지털 매체 중독의 위험성이 적다는 연구결과를 볼 때, 유아가 유아교육기관에서 디지털 매체를 올바로 인식하고 활용할 수 있는 성인으로 성장할 수 있는 기회를 마련할 필요가 있다.

현재 유아들은 태어나면서부터 디지털 매체를 자연스럽게 접하며 자라는 디지털 네이티브로, 정보화를 넘어 지식 사회에서 살아가게 될 것이다. 유아들이 살아갈 환경은 신디지털 학습 환경으로 디지털 매체를 다루고 디지털 매체 간 융합을 할 것이며 나아가 클라우드 기반의 컴퓨팅을 요구하는 환경일 것으로 전망된다. 과거에는 디지털 리터러시를 기르는 교육이 필요했다면, 이제는 교육을 받기 위해 디지털 리터러시가 필요할 만큼 개인의 디지털 리터러시는 중요해졌다.

[읽을거리 2] 영유아 교사용 디지털 리터러시 진단도구*

영유아 교사용 디지털 리터러시 진단도구는 컴퓨터 리터러시, 정보 리터러시, 지식 리터러시 3개의 하위요인, 총 63개 문항으로 구성되어 있다. '컴퓨터 리터러시'는 영유아 교사의 학급경영 및 사무 영역에서 빈번하게 사용되는 디지털 리터러시이고, '정보 리터러시'는 유아지도 및 전문성 개발 관련 내용으로 구성되어 있고, '지식 리터러시'는 유아 지도와 전문성 정보를 바탕으로 한 지식 창출 및 정보 전달 관련 내용으로 구성되어 있다. 각 문항은 리커트 5점 척도로 구성되어 있으며, 점수가 높을수록 디지털 리터러시 역량이 높음을 의미한다.

영역	내용	1	2	3	4	5
컴퓨터 리터러시 (20문항)	1. 학급 문서의 여백(위, 아래, 오른쪽, 왼쪽)을 알맞게 조정할 수 있다.					
	2. 원아모집 홍보물을 가정에 발송하기 위해 주소라벨을 만들 수 있다.					
	3. 유아교육기관 홍보를 위한 소식지 혹은 학급 신문을 만들 수 있다.					
	4. 문서에서 특정단어를 지정된 단어로 모두 검색해 바꿀 수 있다.					
	5. 엑셀 프로그램을 자유롭게 사용할 수 있다(예: 오름차순 또는 내림차순 정렬, 자동합계 기능 등).					
	6. 엑셀 프로그램으로 유아교육기관 예산요구서 양식에 맞추어 필요한 정보를 입력하고 출력할 수 있다.					

* 본 내용은 "남창우, 박영희(2016). 영유아교사의 디지털 리터러시, 테크놀로지 자아효능감 및 디지털 스토리텔링에 대한 태도 간의 관계. 교육과정평가연구, 19(1), 199-226"에서 발췌하였다.

영역	내용	1	2	3	4	5
컴퓨터 리터러시 (20문항)	7. 회계업무를 위해 윈도우 보조프로그램인 계산기 기능을 이용할 수 있다.					
	8. 공문서 발송을 위해 파일을 압축하고 해제할 수 있다.					
	9. 유아교육기관 내 교사용 컴퓨터의 파일과 폴더를 공유할 수 있다					
	10. 업무용 컴퓨터에 우리 반 폴더를 만들어 관련 파일들을 따로 관리할 수 있다.					
	11. 파워포인트로 만든 오리엔테이션 자료를 프레젠테이션하기 위해 빔 프로젝트를 사용할 수 있다.					
	12. 파워포인트에서 디자인 서식을 사용해 유아교육기관 소개 자료를 만들 수 있다.					
	13. 하드웨어와 소프트웨어에 문제가 있는지 시스템 진단도구를 사용하여 검사할 수 있다.					
	14. 교육용 소프트웨어를 유아의 연령에 맞게 선택하고 평가할 수 있다.					
	15. 유아생활지도를 위해 한글 및 파워포인트로 그림카드를 만들어 수업에 활용할 수 있다.					
	16. 컴퓨터 바탕화면을 학급의 유아 사진으로 꾸밀 수 있다.					
	17. 유아관찰일지를 작성해 날짜별로 구분해 파일을 보관할 수 있다.					
	18. 윈도우 녹음기 기능을 이용해 동화구연이나 노래를 녹음할 수 있다.					
	19. 인터넷상의 텍스트 정보를 가로 혹은 세로로 지정하여 출력할 수 있다.					
	20. 동료장학을 위해 동료교사의 수업장면을 동영상으로 촬영할 수 있다.					
정보 리터러시 (20문항)	21. 웹 이미지를 활용하기 위해 무료화면 캡처 프로그램을 검색해보고 지시한 순서에 맞게 설치할 수 있다.					
	22. 컴퓨터 범죄유형을 알고 유아들에게 정보안전교육을 실시할 수 있다.					

영역	내용	1	2	3	4	5
	23. 유아 생일카드를 만들기 위해 인터넷으로 클립아트나 이미지 검색이 가능하다.					
	24. 유아들의 동요감상을 위해 적합한 미디어 플레이어를 검색할 수 있다.					
	25. 유아수업에 플래시 동화나 동영상을 보여줄 수 있는 프로그램 문제가 발생했을 때 이를 검색해서 해결할 수 있다.					
	26. 컴퓨터 바이러스나 악성코드의 감염 증상을 알고 필요한 유틸리티를 다운로드 받을 수 있다.					
	27. 인터넷에서 사용하는 언어의 적합성을 유아 수준에 맞는지 판단할 수 있다.					
	28. 유아들을 유해 정보로부터 보호하기 위해 유해정보차단프로그램들을 찾아서 장 · 단점을 비교할 수 있다.					
	29. 유아작품을 디지털 카메라로 촬영하여 블로그 혹은 미니홈피에 게시할 수 있다.					
정보 리터러시 (20문항)	30. 블로그 등 SNS에 글, 그림, 자료를 사용할 때 반드시 저자나 출처를 밝힌다.					
	31. 유아들이 선호하는 사이트를 즐겨찾기에 등록시켜 간편하게 이용하도록 할 수 있다.					
	32. 유아교육관련 사이트를 블로그 등 SNS에 링크시킬 수 있다.					
	33. 유아자료 검색에 적합한 주제어와 키워드를 선정할 수 있다.					
	34. 필요한 동요파일을 구입하거나 무료로 다운로드 받기 위해 검색할 수 있다.					
	35. 현장학습이나 박물관 견학을 위해 관련 사이트를 검색해 유아들에게 소개할 수 있다.					
	36. 유아수업에 필요한 유틸리티(컴퓨터 이용에 도움이 되는 각종 소프트웨어)를 검색해 도움말을 보며 설치할 수 있다.					
	37. 온라인 자료 검색을 위해 국회도서관 등 전자도서관을 활용할 수 있다.					

영역	내용	1	2	3	4	5
정보 리터러시 (20문항)	38. 온라인 도서관에서 검색된 자료를 연도별로 정렬할 수 있다.					
	39. 지역도서관 홈페이지를 통해 교육 자료를 검색 · 대출 예약서비스 등을 이용할 수 있다.					
	40. 학습자료 검색을 위해 온라인 백과사전을 활용할 수 있다.					
지식 리터러시 (23문항)	41. 유아학습 관련 자료들을 홈페이지나 커뮤니티에 주제별로 분류해 정리할 수 있다.					
	42. 원격연수에서 교수자 혹은 동료교사와 질의응답 및 의견교환이 가능하다.					
	43. 커뮤니티에 게시된 정보를 유아교육기관의 카페 혹은 나의 블로그에 가져올 수 있다.					
	44. 유아교육 지식 습득을 위해 어떤 커뮤니티가 적합한지 결정할 수 있다.					
	45. 유아교육관련 커뮤니티에 게시된 정보의 출처를 보고 상업성 자료를 구분할 수 있다.					
	46. 교사 간 자료 공유를 위해 새로운 커뮤니티를 웹상에 개설할 수 있다.					
	47. 커뮤니티에 게시된 정보가 사실인지, 제공자의 관점인지, 의견인지를 구분할 수 있다.					
	48. 유아교육정보가 있는 커뮤니티를 적합한 주제어로 검색할 수 있다.					
	49. 동화책을 스캔하여 커뮤니티에서 디지털 파일을 공유할 수 있다.					
	50. 커뮤니티에서 타인이 의견을 요청할 때 나의 의견을 댓글로 제시, 상호작용할 수 있다.					
	51. 교사 온라인 커뮤니티에서 다양한 수업방법에 관한 정보를 공유할 수 있다.					
	52. 커뮤니티 멤버를 아이디 혹은 별명으로 인식할 수 있다.					
	53. 커뮤니티에서 실시간 채팅기능을 이용하여 온라인 대화를 할 수 있다.					
	54. 블로그와 온라인 커뮤니티의 차이점을 이해할 수 있다.					

영역	내용	1	2	3	4	5
지식 리터러시 (23문항)	55. 커뮤니티에서 파일을 공유할 때 저작권에 위배되는지 판단할 수 있다.					
	56. 커뮤니티 회원 간에 쪽지나 메일로 의견교환을 할 수 있다.					
	57. 퍼스날 폰이나 특정 폰트를 사용함으로써 커뮤니티에서 자신의 개성을 나타낼 수 있다.					
	58. 1인 1과제 혹은 개인연구 등 자기장학 계획을 수립할 수 있다.					
	59. 커뮤니티의 정보를 활용하고 나의 아이디어를 첨가해 새로운 지식으로 창출할 수 있다.					
	60. 온라인 커뮤니티에 게시하는 정보의 내용에 따라 공개범위를 제한할 수 있다.					
	61. 온라인 커뮤니티에서 자신의 실명이나 ID로 행한 행동에 대해 책임을 질 수 있다.					
	62. 수업참관보고서를 교사커뮤니티를 통해 배포, 수합할 수 있다.					
	63. 커뮤니티에 올려진 교육계획안에 대해 평가 혹은 피드백을 남겨놓을 수 있다.					

참고문헌

1) Gislter, P. (1997). ***Digital Literacy***. New York: Wiley Computer Pub.

2) 김여라 (2019). 디지털 시대의 미디어 리터러시 해외 사례 및 시사점. NARA 현안 분석 제90호.

3) National Board of Education (2016). General aspects of basic education curriculumreform 2016 Finland. Retrieved 22, May, 2018, from http://www.oph.fi/download/158389_general_aspects_of_basic_education_curriculum_reform.pdf.

4) 정현선, 박유신, 전경란, 박한철 (2015). 미디어 문해력 향상을 위한 교실수업 개선 방안 연구. 교육부 2015-12.

5) 김아미 (2017). 인터뷰 핀란드 미디어교육 석학 시르쿠 코티라이넨 교수: 사범대학 커리큘럼에 미디어 교육 필수로 포함돼야. **미디어리터러시, 제3호**. 한국언론진흥재단. 84-89.

6) 노은희, 신호재, 이재진, 정현선 (2018). 교과교육에서의 디지털 리터러시 교육 실태 분석 및 개선 방안 연구. 연구보고 RRC 2018-7.

7) 심미선 (2017). 사회과학 등 전 교과에 미디어 리터러시 접목: 미디어 리터러시 교육강국 핀란드. https://brunch.co.kr/@kpf10/479.

8) JUNIOR AMBASSADR (2016). 세계의 미디어 리터러시 교육. http://blog.naver.com/PostView.nhn?blogId=j_ambassador&logNo=220843898325&parentCategoryNo=&categoryNo=18&viewDate=&isShowPopularPosts=false&from=postView.

9) MediaSmarts. 「The Intersection of Digital and Media Literacy」. http://mediasmarts.ca/digital-media-literacy/general-information/digital-media-literacy-fundamentals/intersection-digital-media-literacy.

10) 신배화 (2018). 호주의 선진 미디어교육 체험하며 '수업 전문성 향상', 한국언론진흥재단, p. 73.

11) 강진숙, 조재희, 정수영, 박성우 (2017). 해외 미디어교육 법체계 및 정책기구 연구, 한국언론진흥재단, p. 111.

12) 강진숙 (2019). [연재] 해외의 미디어교육 법제 Ⅲ-영국, 호주. https://brunch.

co.kr/@kpf10/577.

13) 싱가포르 교육과정. https://www.moe.gov.sg/docs/default-source/document/education/21cc/files/annex-21ccframework.pdf 참조.

14) 싱가포르 ICT Connection Masterplan 4. https://ictconnection.moe.edu.sg/masterplan-4.

15) 강진숙 (2019). [연재] 해외의 미디어교육 법제 II -일본, 싱가포르. https://dadoc.or.kr/2628.

16) 김양은 (2017). 미디어 교육의 필요성 및 현황. 디지털민주주의를 위한 미디어교육지원법 추진위원회 세미나. 2017년 2월 13일 자료. p. 36.

17) 위키백과. ko.wikipedia.org/wiki/디지털_리터러시.

프레임(Frame): 디지털로 세상을

CHAPTER

4

바라보는 아이들을 돕기 위한 방법

프레임(Frame):

디지털로

세상을 바라보는

아이들을 돕기

위한 방법

유아들이 걸어가야 하는 디지털 미디어 세상

그런데 왜 기술의 발전은 아날로그를 디지털화하려는 방향으로 가는 것일까? '디지털'이라는 것이 무슨 마법과도 같은 힘이 있기에 이토록 우리의 삶을 변화시켜 나가는 것일까?

아날로그(Analog)는 원래 '유사하다'란 의미의 '아날로거스(Analogous)'에서 기인한 것으로 '수를 간접적으로 다루는 방식'을 의미하며, '수 다루기의 흉내 내기'란 뜻을 가지고 있다. 아날로그식 도구의 대표적인 예는 계산자이다. 지금은 휴대용 계산기 혹은 스마트폰 내의 계산기로 대체하여 쓰기 때문에 거의 볼 수 없다. 계산자에는 여러 눈금이 같은 간격으로 매겨져 있고, 이 눈금은 하나하나마다 숫자의 역할을 대신한다. 2+6=8이라는 계산을 할 때 눈금을 이용해 간접적으로 계산하여 결과를 얻는다. 그러나 여기에 실제로 계산을 한다는 행위는 없다. 계산을 흉내 내는 눈금 맞추기와 눈금 읽기만 있을 뿐이다.

반면 디지털은 '수를 직접 다루는 방식'을 의미한다. 디지털은 손가락을 뜻하는 라틴어 낱말 digit에서 나온 것으로, 숫자(digit은 '숫자'를 뜻한다)를 세는 데 쓰인다. 디지털 방식은 연속적인 값들을 모두 세분해서 그 세분한 값들을 전부 하나의 값으로 표시한다. 이를 테면 0부터 1 사이는 0, 1부터 2 사이는 1, 이런 식으로 표시하는 것이다. 이에 반해 아날로그 방식에서는 0.3은 0.3, 0.327은 0.327 그대로 표시한다.

디지털과 아날로그의 차이점을 가장 잘 나타내 주는 것은 우리 주변에서 흔히 볼 수 있는 시계다. 아날로그 방식의 시계는 시침과 분침, 초침으로 구성되어 각각의 시침, 분침, 초침이 각각의 초 표시 사이를 움직이며 그 사이의 연속적인 모든 시간을 가리킨다. 반면 전자 시계와 같은 디지털 시계는 불연속적으로 시간을 표시한다. 따라서 누가 지금 몇 시냐고 물을 때 아날로그 시계로는 3시 20분 정도라고 눈대중으로 대답해 준다. 아날로그 시계로는 3시 20분인지, 3시 19분인지 다소 판단하기 어려울 때가 많다. 그렇지만 디지털 시계는 순식간에 지금 몇 시인지 명확하게 시간을 알 수 있다. 즉, 아날로그 시계는 직관적으로 판단하는 것으로 알 수 있으나 디지털 시계는 명확한 수치로 순식간에 인지하기가 편하다. 디지털 기술은 아날로그 기술에 비해 훨씬 적은 정보량으로 더 고품질의 영상 및 사운드를 표현할 수 있다. 아날로그에 비해 적은 정보량으로 보다 더 효과적인 결과를 만들어낼 수 있는 디지털 기술의 마술이 오늘날의 디지털 세상을 만들고 있다. 디지털의 발전은 다양한 매체, 멀티미디어가 출현하는 절호의 기회가 되었다.

이렇듯 오늘날의 인류는 디지털 혁명으로 인하여 지금까지 인류가 살아왔던 문명과는 전혀 다른 차원의 4차 산업혁명 시대를 살고 있다. 그만큼 4차 산업혁명의 영향력은 점점 커지고 있다. 그런데 아직까지는 4차 산업혁명을 실생활에서 실감하기란 어렵기도 하다. 과연 기술의 발전은 우리의 일상생활을 어떻게 변화시킬까? 4차 산업혁명이 가져올 새로운 일상의 모습들을 'Before & After'로 살펴보자.[1)]

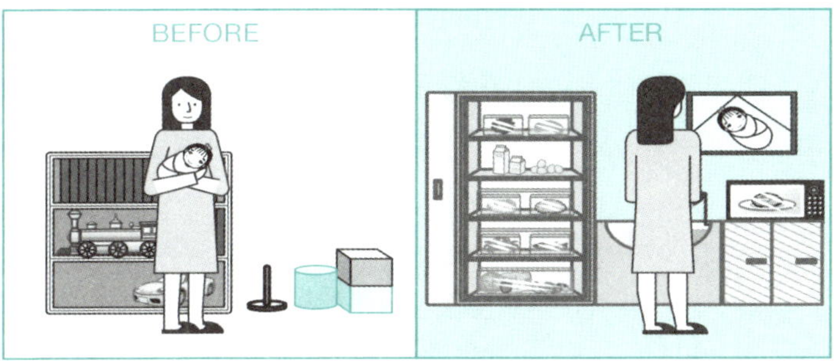

#1. 아이는 방 안에서 자고 있고, 나는 부엌에서 요리를 하고 있는 상황을 상상해볼까요? 부엌에서 요리를 하면서 동시에 선반에 부착된 디스플레이에서 아이를 살필 수 있습니다. 아이의 방에 설치된 카메라가 집 안 곳곳 디스플레이에 데이터를 보내서 아이가 잘 자고 있는지 어디에서든 쉽게 확인할

수 있는 것이죠. 더불어 사물들의 센서가 우리의 체온이나 표정, 목소리 등의 데이터를 실시간으로 인식하고 분석해 현재 상태에 딱 맞는 환경을 조성해줄 수도 있습니다. 쾌적하고 편안한 맞춤형 공간이 탄생하는 것입니다.

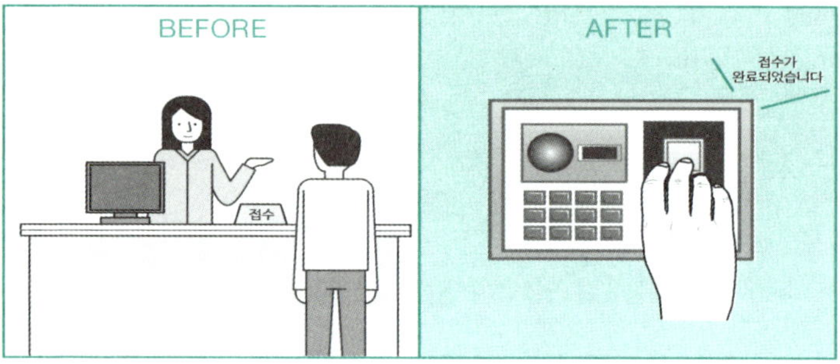

#2. 몸이 좋지 않아 병원을 가야 할 때의 과정들을 하나씩 떠올려 봅시다. 기술의 변화는 의료 서비스에도 큰 영향을 끼칠 것으로 예상됩니다. 인공지능 컴퓨터는 수백만 건의 빅데이터를 분석할 수 있습니다. 분석된 빅데이터를 활용해 정확하게 병을 파악하고 빠르게 치료가 가능해지는 것이죠. 더불어 딥러닝 소프트웨어는 빅데이터를 통해 미래의 병을 예측할 수도 있습니다. 그런가 하면 환자가 직접 접수하고 상태를 체크해야 하는 현재와는 달리, 지문 인식 등을 통해 건강 상태를 파악해 자동으로 진료기록과 몸의 상태를 의사에게 전달할 수도 있습니다. 생체 바이오 기술을 통해 진료 과정을 훨씬 간단하고 편리하게 변화시키는 것입니다. 게다가 건강 상태를 파악해주는 의료기기가 보편화된다면 병원에 직접 가지 않고도

집에서 간단한 치료를 받을 수 있게 될 것입니다.

이렇듯 이미 4차 산업혁명 과학기술이 빛의 속도 만큼 빠르게 전개되고 있고, 디지털 혁명에 기반한 다양한 기술이 융합하여 개인과 사회를 새로운 패러다임으로 전환시키고 있다. 스마트폰을 넘어 스마트 워치, 스마트 블랙박스, 스마트 자동차까지 이제는 '스마트'라는 말이 없으면 허전하기까지 하다. 이러한 변화와 더불어, 4차 산업혁명 시대의 인공지능, 빅데이터, 사물인터넷 기술이 도래하면서 소통능력과 창의성을 갖춘 인재에 대한 요구가 높아지고 있으며, 새로운 인재상을 구현하는 교육 패러다임의 변화가 요구되고 있다.

위키백과에 따르면 멀티미디어(Multimedia, 문화어: 말티메디아, 다매체)는 Multum과 Medium를 합친 낱말이며, 여러 형식의 정보 콘텐츠와 정보 처리(보기: 텍스트, 오디오, 그래픽, 애니메이션, 비디오, 상호작용)를 사용하여 사용자에게 정보를 제공하고 즐거움을 주는 미디어를 뜻한다. 멀티미디어를 구성하는 요소로는 텍스트, 이미지, 그래픽 등의 정적 미디어와 사운드, 비디오, 애니메이션 등의 동적 미디어로 구분된다. 현재 미디어 산업은 디지털 기술로 인해 엄청난 변화의 소용돌이 속에 있다. 방송뿐 아니라 모든 미디어 산업이 디지털 기술을 바탕으로 변화하고 있으며 4차 산업혁명이라는 새로운 시대 속에서 새로운 기회를 준비하고 있다. 다음의 기사는 디지털 기술에 의한 유아의 놀이 환경 변화를 단적으로 이야기해 준다.

- [연합뉴스] 디지털 기술 갖춘 5G 신개념 놀이터…인천시, 10곳 조성
- [BLITER] 아날로그와 디지털 기술 체험형 놀이터 '헬로! 마이 디노'
- [TechHolic] 엔씨소프트, 디지털 기술 접목한 키즈카페 오픈
- [중앙일보] 5G시대 놀이터는 가상공간

> "5G 놀이터는 어떤 모습일까 언뜻 상상이 가지 않는다. 5G 놀이터란, 1990년대 콘크리트 · 철강 놀이시설 위주인 2세대(2G) 놀이터, 2000년대 섬유 강화플라스틱(FRP)과 고무칩 재질 놀이기구 위주의 3G 놀이터, 2010년대 물 · 나무 · 흙 등 자연요소를 이용한 4G 놀이터를 뛰어넘는 개념의 놀이터다. 5G 놀이터에는 증강현실(VR)을 활용한 놀이시설, 장애아 · 비장애아 모두가 즐길 수 있는 무장애 놀이 공간이 마련되고 자유 공공통신망, 범죄예방 환경 설계(CPTED) 등이 적용된다.[2] 5G는 1㎢당 최대 100만 개의 사물인터넷기기(IoT)를 연결할 수 있다. 기존 4G보다 10배 많은 수준이다. 이로 인해 거리에서 흔히 볼 수 있는 다양한 사물에도 통신 기능을 결합해 각종 빅데이터를 수집할 수 있다. 이러한 기술을 활용한 놀이터가 조성될 계획이라니 시대가 변해도 너무 많이 변했다."

현재의 이러한 변화를 어떤 프레임(Frame)으로 바라보고, 해석해야 할까? 현재의 교육을 통하여, 내일의 미래 사회를 살아가게 될 어린 학습자들에게 어떤 생존역량을 길러주어야 할까? 오늘을 살고 있는 유아는 얼마나 디지털 미디어 환경과

밀접하게 살아가고 있는지, 그리고 이들이 생애 처음 만나는 선생님인 유아교사는 이러한 환경을 어떻게 바라보고 대처하고 있는지, 교사로서 어떠한 교육적인 접근을 해야 할지 고민해볼 필요가 있다.

4차 산업혁명 시대 학습 환경의 변화와 교육적 접근

4차 산업혁명 시대 학습 환경의 변화에 따른 교육적 접근은 다음의 3가지 관점으로 정리될 수 있다.[3)]

첫째, 미래의 교육은 학습 콘텐츠를 제공하는 다양한 플랫폼과 진보된 기술이 학습자의 맞춤형 교육서비스를 담당하게 될 것이며 자신의 인지적 역량과 흥미수준에 따라 학습내용을 선택적으로 취할 수 있게 될 것이다. 발전된 디지털 기기를 이용한 게이미피케이션(gamification)을 통하여 학습자의 동기와 학습 참여를 촉진할 수 있는 미래지향적 학습방법이 떠오르게 될 것이다. 게이미피케이션이란 2002년 닉 펠링(Nick Pelling)이 다양한 동기부여 이론을 토대로 게임적 사고와 기법을 도입하여 게임처럼 쉽고 편하게 즐기며 몰입할 수 있는 교육방식을 의미한다. 다시 말해, 게임이 아닌 분야에 대한 지식전달, 행동 및 관심유도 혹은 마케팅 등에 게임의 메커니즘, 사고방식과 같은 게임의 요소를 접목시키는 것을 말한다. 게임은 일반적으로 메커니즘, 이야기, 미적 요소, 기술로 구성되어 있다. 메커니즘은 게임의 절차와 규칙으로 게임의 목표, 플레이어가 목표를 이루기 위해 할 수 있는 것과 할 수 없는 것, 그 행위를 하면 어떤 일이 발생하는지를 설명해 준다. 이야기는 게임에서 펼쳐지는 일련의 사건을 말한다. 게임의 배경과 게임의 주체인 주인공을 비롯한 캐릭터가 스토리에서 표현되고 게임의 맥락이 만들어진다. 미적 요소는 게임의 외관, 소리, 냄새, 맛, 느낌을 말하고 게임에 현실감과 몰입을 가져다준다. 기술은 만들려는 게임을 가능하게 하는 재료나 구성물 등을 말하는 것으로 종이와 연필, 플라스틱 동전(화폐), 혹은 소프트웨어일 수도 있다. 이와 같이 게임이론의 몰입, 자기주도적인 문제

게이미피케이션 구성요소

게임구성요소 [Component]
게이미피케이션의 기법들이 실질적으로 구현되어 사용자들에게 제공되는 기능

게임기법 [Mechanics]
게이미피케이션의 관심과 참여를 유도하고 동기부여 역할

게임구조 [Structure]
게이미피케이션을 이루고 있는 기본구조

게임유형 [Function]
게이미피케이션을 설계하고 재미를 느끼도록 하는 요소들

해결, 개인화된 목표와 보상 등의 요소를 학습 내용에 적용함으로써 학습을 촉진시킬 수 있다.[4] 쉽게 말해, 게이미피케이션은 '우리가 어떻게 하면 재미있게 ~을 할 수 있을까?'라는 질문으로 시작하여 학습 환경을 구축할 수 있도록 하는 것으로 연결된다. 게임 형식으로 시작한 학습과 연결된 질문이 학생들의 동기를 유발하고, 이와 관련된 다양한 디지털 기술을 활용하여 질문을 해결하도록 돕는다.

[게이미피케이션 사례*]

피아노 계단

① 다음의 영상을 봅시다. (1분 47초)
https://www.youtube.com/watch?v=swLnwAYVGs0

② 어떤 문제를 해결하고 싶었나요?

③ 도전과제를 어떻게 선정하였나요?
"우리가 어떻게 하면 재미있게 ~을 할 수 있을까?"

④ 도전과제를 해결하기 위해 어떤 기술을 사용하였나요?

둘째, 모바일 기기의 보급과 무선네트워크 기술의 발달로 제한된 공간을 벗어난 학습이 주목받고 있다. 기존의 정형화된 학습은 교실이라는 공간 안에서 제한된 룰에 맞춰 교수자가 학습을 진행하였지만, 현재는 시간과 공간의 제약 없이 언제 어디서나 다양한 형태의 학습을 진행할 수 있는 환경적인

---

* 삼성/플레이북

여건이 마련되어 있다. 4차 산업혁명 시대에 교육의 핵심은 '학습자 중심'의 교육이 되어야 한다는 점에서 생각해 볼 때, 학습자들은 웹 플랫폼을 이용하여 교육기관 밖에서 개인화된 학습을 하고 수업에 참여할 수 있다는 교육 환경은 '비형식 학습'의 효과를 지지하고 있다. 비형식 학습이란 체계적인 교육을 진행할 수 있는 교수자가 없거나 학교, 교실과 같은 교육장 이외의 장소에서 진행되는 모든 학습의 경험을 포함하며, 학습자 간 상호작용(메신저를 통한 채팅, 스터디에서의 대화 등), SNS를 통한 정보의 생산과 공유 그리고 습득, 네이버, 구글, 유튜브 등 포털 검색에 의한 지식습득 등의 학습성과를 의미한다. 학습자들은 비공식적인 상황에서의 학습 경험을 실생활의 문제해결과 연결 짓고 이러한 과정을 교실 안에서의 학습으로 확장할 수 있다. 주관적인 경험을 토대로 하는 학습은 교실 안에서의 학습에 대한 흥미와 동기를 촉진할 수 있다. 디지털 네이티브 세대인 유아들의 경험 세계는 인터넷, 디지털 매체를 통하여 더욱 확장되어가는 것이 사실이다. 이 또한 유아들에게 의미 있는 경험 세계임을 간과할 수 없다. 디지털 환경 속에서 생활하는 유아들의 경험을 면밀히 살펴 그 안에 내재된 의미를 파악하기 위한 노력이 필요한 시점이다. 이에 디지털 환경 속에 살아가는 유아들이 진짜 재미있는 놀이를 경험하기 위해서는 그들이 자신의 경험과 생활 세계 및 주관적 의식에 따라 놀이하고 싶을 때 놀이에 몰두할 수 있는 충분한 놀이시간, 놀이 환경을 상황에 맞게 제공하며, 이것이 배움과 연결되도록 도와주어야 한다. 이것이 그들이 즐거워하고, 주로 찾는 디지털화된 미디어를 통한 놀이라면 이 놀이를 배움과 연결되도록 도와주려는 노력이 필요하다. 디지털 미디어가 익숙한 환경에서 자라는 아이들에게 적합한 교육방식으로 각광받고 있는 것이 디지털 매체를 가정에서 활용하여 학습에 필요한 기본 개념과 지식을 사전에 학습하게 하고 교실에서는 학습자 스스로 생각하며 배울 수 있도록 하는 학습 형태인 플립드 러닝(flipped learning)이다.[5] 이를 통해 학습자들은 호기심과 흥미가 증가하고, 수업 태도와 만족도가 향상되어 학습동기에 긍정적인 영향을 미친다는 보고가 있다. 플립드 러닝의 개념에서 생각해 볼 때, 교사가 수업 전 사전학습 혹은 가정연계학습의 저작물을 사이버 공간에 탑재하면 유아들은 자신의 수준에 적합하게 학습 속도를 조절하여 학습 콘텐츠를 수용하는 방식도 제시해 볼 수 있다. 이처럼 유아들은 웹 플랫폼에 제공된 내일의 활동 내용을 미리 경험하고, 교실에서는 경험한 활동 내용에 대한 것을 문제해결에 적용, 실험, 토론하거나 협력 프로젝트 학습을 수행하게 된다.

셋째, 교실 안에서 이루어질 수 있는 심층학습을 위한 대표적인 학습방법에는 프로젝트 학습이 있다. 프로젝트 학습은 학습자의 자기주도적 학습 역량을 중점으로 하며 창조적인 문제해결 및 학습자 간 소통을 통한 협업 역량을 증가시킬 수 있다. 이는 DeSeCo Project에서 제시한 21세기 핵심역량 4C(Creativity 창의력, Communication 의사소통, Critical thinking 비판적 사고,

Collaboration 협업)와도 연계된 역량으로, 프로젝트 학습에서의 학습자는 자신과 인지적 역량 수준이 비슷하거나 조금 높은 학습자와의 사회학습을 경험하면서 스캐폴딩(scaffolding)*을 통한 잠재적인 학업능력을 발현한다. 즉, 미래교육의 교육환경은 학습자 개인에게 맞는 개별화된 맞춤학습을 위하여 개인의 필요에 따라 다양한 방법으로 인지적, 정의적 역량을 키워나가면서 무한히 열린 공간에서 상호 정보교환과 협력을 강조하는 방향으로 변화되어 갈 것이다. 이에 교사는 학습의 설계자이자 학습을 돕는 조력자로서 다양한 교수학습의 기자재를 능숙하게 다룰 수 있어야 한다. 이뿐만 아니라 교사는 학습 현장에서 학습 내용에 테크놀로지를 접목하고 창의적으로 활용할 수 있어야 한다. 또한 교사는 학습자의 흥미 유발을 위하여 디지털 매체를 활용하여 수업자료의 제시 및 운영 시 다양한 디지털 매체에 대한 지식, 기술, 역량을 갖추어야 한다. 현재 유아교육현장에서도 활용되고 있는 디지털 매체(증강현실 그림책, 크로마키, 교육용 로봇, 코딩로봇 등)는 협력적 상호작용과 학습자 맞춤형 교육을 가능하게 할 뿐만 아니라 자기주도 학습도 극대화할 수 있다.[6] 따라서 미래의 교사들은 테크놀로지 사용의 중요성을 인식하고 스스로 수업자료를 준비하는 역량을 갖추어야 한다. 학습 상황에 따라 능숙하게 테크놀로지를 활용하는 교수

* 스캐폴딩은 학습자에게 적절한 인지적 도움과 안내를 제공하여 학습을 촉진시키는 전략을 의미한다.

활동에 있어 교수효능감이 높은 교사가 학습자의 테크놀로지 활용의 참여 동기를 높일 수 있을 것이다.[3]

디지털로 세상을 바라보는 아이들을 돕기 위한 방법

격변하는 4차 산업혁명 시대를 맞이하여 많은 교사들은 '미래를 살아갈 아이들에게 어떤 교육을 해야 하고 무엇을 준비해야 할까?'를 고민하게 되었다. 시대와 문화를 등지는 교육은 결코 성공을 보장할 수 없을 것이다. 그렇다고 유행을 따라가는 교육을 하자는 것이 아니다. 이 시대가 교사에게 요구하는 것이 무엇인지 제대로 알아야 한다는 이야기이다. 인공지능 시대를 맞아 세계를 움직이는 인재, 세계만방에 영향력을 끼치는 인재를 키우는 교육은 무한한 발달가능성이 잠재되어 있는 "유아기"부터 시작해야 한다. 그렇다면 미래 학습 환경 구축에 따른 유아기 아이들을 대상으로 하는 수업경영에서 지향해야 할 방향은 무엇일까? 스마트(Smart) 교육과 아날로그(Analogue) 교육의 융합 형태인 스마로그(Smarlogue, smart + analogue) 교육이 그 해답이다. 스마로그 교육은 그 대상을 미성숙한 도움을 필요로 하는 학습자로 보는 것이 아니라, 오늘을 살아가는 존중받는 한 '개인'으로 보는 것이다. 또한 디지털 매체를 활용하여 교실 환경 및 교수법을 변화시키되 학생들과의 의사소통 및 상호작용은 더욱 늘려나가는 것이 필요하다. 이는 개별화된 학습자 중심, 지식 중심, 학생의 수준을 파악하여 수준에 맞는 수업 설계를 통한 평가 중심, 바깥세상과의 연계성과 규범을 중시하는 공동체 중심의 교실 환경을 구축해야 한다는 것으로 더욱 구체화 할 수 있다.[7]

미래의 교사들은 테크놀로지 사용의 중요성을 인식하고 수업자료를 준비할 때 테크놀로지 활용역량을 갖추어야 한다. 학습 상황에서 능숙하게 테크놀로지를 활용하는 교수 활동에 있어 교수효능감이 높은 교사가 학습자의 테크놀로지 활용의 참여 동기를 높일 수 있을 것이다. 학습 상황에서 능숙하게 테크놀로지를 활용한다는 것이 어떤 의미일지 다음의 2가지 사례를 살펴보자.

최근 구글이 아주 기발한 아이디어로 첨단 예술 프로젝트를 시작했다. 전 세계의 미술 문화재를 온라인상으로 언제든지 볼 수 있는 구글 아트 앤 컬처(Google Art & Culture: https://artsandculture.google.com)가 바로 그것이다. 2016년 개발된 아트 앤 컬처 앱은 손바닥 안에서 전 세계의 예술작품과 전시회를 볼 수 있게 해주었다. 구글 아트 앤 컬처를 통해 한

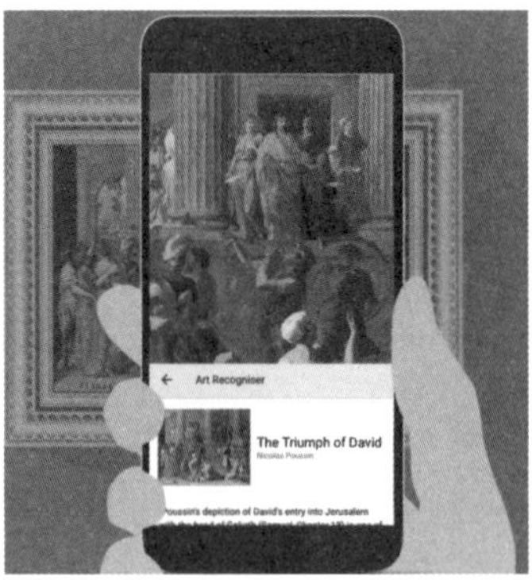

국에 있으면서도 언제든지 마음만 먹으면 반 고흐, 로댕, 피카소 등 전 세계적인 작가들의 작품을 초고화질로 즐길 수 있다. 구글은 이 서비스를 통해 전 세계 50여 개의 유수 자연사 박물관과 손잡고 이 잃어버린 세계를 온라인에서 다시 살아 숨쉬도록 복원했다.

150개 이상의 전문가와의 대화형 콘텐츠, 300,000개의 새로운 사진과 동영상, 그리고 30개 이상의 가상 둘러보기가 준비되어 있다. 생태학자, 고생물학자, 생물학자들과 함께 공룡의 보존된 골격에 가상의 피부와 살을 붙이고, 여기에 가상현실(VR) 기술을 통해 클릭 몇 번이면 멸종된 1억8천만 살 먹은 거대한 해룡이 바로 눈앞에 나타나는 서비스도 제공한다. 눈 크기에서부터 코의 위치, 목의 굽어짐 정도, 피부결과 주름에 이르기까지 모두 세심하게 공을 들여 재현되었고 전문가팀의 검증을 거쳐 개발된 이러한 플랫폼을 수업에 활용할 경우 유아의 몰입도를 이끌어내기 위한 흥미로운 수업이 될 수 있을 것이다. 유아는 공룡과 같은 사라져 버린 동물에 흥미를 가지고 몰입하면서 풍부한 이야기를 만들어 내기도 한다. 이렇게 구글 아트 앤 컬처 플랫폼을 활용하여 동식물에 대한 특성을 가상현실 기술을 통해 알아보거나, 상상이 현실이 되어 과거의 동물을 탐색하는 것은 유아에게 개념이나 지식 그 자체로서의 의미보다는 지속적으로 탐구하고 창의적으로 사고할 수 있는 기반으로서 가치가 있다.

또 하나의 디지털 테크놀로지 활용 사례로 구글 어스 플랫

폼을 제안한다. 구글 어스(Google Earth: https://earth.google.com/web/)는 광범위한 분야의 교육자들이 지리정보와 관계있는 많은 분야의 정보를 표현하는 데 활용할 수 있는 훌륭한 교육 도구를 만들었다. 실제 시각정보를 제공하고, 기술과 멀티미디어 플랫폼에 대한 자연스러운 관심을 활용하여 디지털 학습자에게 다가갈 수 있는 좋은 기회를 제공하는 플랫폼이다. 구글 어스로 유아가 자신의 동네를 친구들에게 소개하고, 방학 기간 중에 다녀온 국내 및 해외의 관광지를 소개하는 등의 수업과 연계시킬 때 유아의 흥미를 더욱 자극할 수 있을 것이다. 구글 어스를 통해 지구의 밤낮, 하늘, 바다뿐만 아니라, 달과 화성의 Street View까지 마우스 클릭 몇 번으로 볼 수 있다는 점은 매우 매력적이다.

예전에는 교사가 학생들에게 수학 공식처럼 전통적인 의미의 지식을 가르치는 데 중점을 뒀다면, 이제 교육은 디지털 매체 및 플랫폼을 활용하여 학생들이 협동심을 기르거나 문제해결 방법을 익히도록 하는 데 주력하게 된다. 또한 미래 사회의 교육은 개인의 흥미와 재능을 살리는 개별화 교육을 지향하게 될 것이다. 학습자의 몰입도를 이끌어내기 위한 개별화 교육을 위해서 차세대 ICT나 첨단 기술의 활용도 보편화될 것이다. 이미 인터넷의 발달로 세계 교육흐름은 시 · 공간을 초

월해 학교라는 물리적 환경에서 벗어나 학생이 가지고 있는 다양한 흥미와 필요를 고려한 교육으로 패러다임이 변화하고 있다. 미래엔 더 이상 얼마나 많이 알고 있느냐보다는 실생활에서 알고 있는 것을 실제로 적용하고 활용할 수 있는 역량이 중요한 시대가 될 것이다. 따라서 아는 것을 다양한 매체를 통해 표현하고, 타인을 이해시키는 의사소통능력이 중요하기 때문에 수업 및 학습 또한 실생활과 연계된 맥락적 학습이 중요하며, 깊은 이해를 할 수 있도록 사고하고, 실제 문제 상황과 비슷한 환경에서 직접 체험을 통해 학습하는 것이 요구될 것이다.

미래 사회의 변화를 연구하는 학자들은 Bring Your Own Device(BYOD), 메이커 스페이스, 3D 프린팅, 학습자 적응 학습기술(adaptive learning technology), 디지털 배지(Digital Badge), 웨어러블 기술 등이 5년 이내에 학교교실에 활용될 것이라고 전망한다. 미래학교의 교사에게는 기술을 수업에 활용하는 능력, 이를 통한 학습자 주도 개별 맞춤학습 환경의 구현이 크게 요구된다.[8)]

- Bring Your Own Device(BYOD): 수업에 학습자 자신의 기기(예: 휴대폰, 휴대용 컴퓨터)를 가지고 와 사용하자는 운동
- 메이커 스페이스: 공동의 관심을 가진 사람들이 커뮤니티를 형성해서 컴퓨터나 기타 기술적 도구들을 이용하여 서로 공동으로 작업할 수 있는 공간
- 학습자 적응 학습기술: 개인의 학습 수준에 따라 학습 서비스를 자동으로 제공하는 학습기술

- 디지털 배지(Digital Badge): 다양한 학습 환경에서 습득한 스킬, 품질 등에 대해 휴대폰을 이용해 인증해주는 시스템
- 웨어러블: 머리에 쓰는 가상현실 헤드셋, 차는 스마트 워치, 끼는 구글 안경 등과 같이 착용 가능한 정보수집 및 분석기기

따라서 교사에게는 미래의 새로운 학습 환경에서 학습자가 새로운 상황에 능동적으로 참여하여 문제를 해결하도록 하거나 체험학습(Learning by doing)을 통해 주인의식을 갖고, 자율적이고 적극적으로 학습에 참여하는 방식인 구성주의 교수-학습을 실천할 수 있는 역량이 필요하다. 디지털사회로 접어들면서 학습자에게 실제적이고 창의적인 과제를 제공하기 위한 '학습 매체'의 중요성 또한 강조되기에 차세대 매체로서 디지털 교과서, 증강현실(Augmented Reality) 콘텐츠, IP TV, 모바일 또는 로봇 등을 교실 수업에 적용하고자 하는 시도를 해볼 필요가 있다.

미래 사회는 첨단기술의 발달로 일상생활에서 첨단기기 사용이 점차 확대되어 과학기술에 대한 이해와 활용 능력이 필수적인 요소가 된다. 따라서 기존의 지루함을 깨고 학생들에게 디지털 기술에 대한 흥미와 이해를 높이고, 동시에 이를 활용하는 것에 대한 탐구 능력과 논리적 사고력 함양을 위한 탐구 활동 기회를 제공할 수 있는 좋은 기회로서의 테크놀로지 활용 역량을 신장할 필요가 있다. 이와 같은 과정이 원활하게

이루어지기 위해서는 대학의 교과과정에서부터 전문적인 지식과 기술을 갖추어야 한다.[9] 그러나 현재 사범대학의 교사 양성 교육과정에서 교사의 테크놀로지 활용과 관련한 실습과목은 찾아보기 힘들다. 그러므로 미래의 교사를 양성하는 사범대학의 교육과정에서는 교수지식을 토대로 한 테크놀로지 지식을 활용하는 수업이 마련되어야 한다.[3]

또한 교사는 디지털 미디어와 관련된 문제에 대한 적절한 대안과 구체적인 지침을 제공할 수 있어야 한다. 미디어에 관한 부모교육에서 교사는 미디어와 관련된 부모의 고민에 귀 기울이고 도움이 될 수 있는 대안과 가이드를 제시해 주어야 할 책임과 의무가 있다. 또한 부모가 미처 이에 대한 문제점과 심각성을 인식하지 못했을 때 적절한 도움을 줄 수도 있어야 한다. 미디어를 접하는 적절한 시간이나 이를 제한하는 방법, 좋은 미디어 콘텐츠를 선정하고 활용하는 방법, 미디어에 의존하지 않고 가족과 즐겁게 시간을 보내고 정을 나누는 방법까지 구체적으로 알려주는 것이 좋다. 즉, 무조건 제한하고 금지하는 방식보다 미디어에 대해 자녀와 합의하고 조율하는 합리적인 의사결정 과정을 부모에게 안내하는 것이 필요하다. 미디어에 대한 고민 중 부모들이 가장 궁금해하고 어려워하는 문제가 무엇인지를 파악하고, 이를 미디어와 관련된 부모교육 및 부모상담 시 적절히 활용할 수 있어야 한다.

다음은 부모가 자녀의 디지털 매체 활용과 관련하여 자주 하는 질문과 그에 대한 답변이다.

Q. 아이가 스마트폰, 텔레비전을 너무 많이 보는데 없애는 것이 정말 좋은 방법일까요?

A. 한 연구에서 자녀를 둔 30가구를 선정하여 한 달 동안 가족 모두가 TV, 스마트폰 영상 안 보기를 실천하는 실험을 해보았더니, 개인의 실천의지와 주변 여건에 따라 다양한 결과가 나왔다고 한다. 즉, 텔레비전을 보는 대신 가족들이 이야기를 나누거나 책을 보는 등의 다채로운 대안 활동들이 마련될 때 텔레비전으로부터 완전한 독립이 이루어졌다고 한다. 이것은 유아들이 스마트폰, 텔레비전 외에 가족과 함께 하는 활동들로부터 흥미를 느끼지 못할 때, 오히려 텔레비전을 보지 못하는 것에서 오는 부정적 결과들이 나타날 수 있다는 이야기이다. 한마디로 스마트폰이나 TV에 과잉 몰입하는 아이는 "나에게는 재미있는 놀이가 없어요."라는 뜻이다. 스마트폰이나 텔레비전을 아이와 함께 있을 때에는 보지 않기로 결정했다면, 가족들이 어떻게 시간을 함께 하며 텔레비전 없는 삶을 받아들일 것인지 고민해야 한다. 가족과 함께 산책하기, 가족과 함께 하는 보드 게임, 가족과 함께 하는 독서 시간 등을 갖는 것이 도움이 될 것이다.

Q. 스마트폰/텔레비전을 하루에 어느 정도 시청하는 것이 좋을까요?

A. 연령별로 차이가 있지만 만 2세 미만의 경우 하루 15분 이하, 만 3~4세는 30분 이하, 만 5세 이상은 1시간 이하가 적당하다. 더욱 중요한 것은 부모가 함께 시청해야 한다는 것이다. 텔레비전이나 컴퓨터 화면에서 보여지는 장면, 상황 등에 대해 부모와 상호작용하면서 이에 대해 공감하는 과정이 필요하다. 또한 시청시간을 부모가 일방적으로 결정하여 제한하지 않고 유아와 협의하여 약속을 지킬 수 있도록 하며 다 본 뒤에는 스스로 끄도록 유도하는 것이 좋다.

Q. 왜 아이가 혼자 스마트폰이나 텔레비전을 보면 안 되는 걸까요?

A. 아이가 스마트폰이나 텔레비전을 혼자서 보면 사회성 및 언어 발달에 매우 부정적인 영향을 미치게 된다. 얼핏 생각하기에 텔레비전이나 비디오에서 여러 말을 들려주므로 아이의 언어 발달이 촉진되지 않을까 기대해 볼 수 있겠지만, 유아기의 언어는 또래 아이와의 놀이나 부모와의 대화를 통해서 습득되는 것이다. 따라서 아이가 혼자서 스마트폰이나 텔레비전을 보고 단어를 말하는 것은 그야말로 앵무새처럼 흉내내는 것에 불과할

뿐이다. 또한 결과적으로 스마트폰이나 텔레비전을 시청하는 것만큼 부모나 친구와의 놀이 시간을 빼앗으므로 사회성을 발달시킬 기회를 잃어버리는 셈이 될 수 있다.

Q. 게임기를 못하게 하면 심하게 떼를 씁니다. 어떻게 하면 좋을까요?

A. 무조건 못하게 하기보다는 조금씩 점차적으로 시간을 줄여나가는 것이 좋다. 또는 매일 하기보다는 하루나 이틀 정해진 시간에 정한 시간만큼만 하도록 하여 습관성이 되지 않도록 하는 것이 중요하다. 함께 시간을 정하고 난 뒤라면 아무리 유아가 심하게 울고 떼를 써도 낮은 목소리로 단호하게 이야기하는 것이 좋다. 또한 힘들지만 아이가 약속을 잘 지켰으면 칭찬과 격려를 아끼지 말아야 한다. 아이가 게임을 하면서 어느 정도 시간이 남았는지 체크하면서 기분이나 감정을 조절, 정리할 수 있도록 시계를 가까이 놔두는 것이 좋고 부모는 유아가 게임을 끝내기 20분 전부터 5~10분 단위로 말을 해주도록 한다. 게임을 줄여나가는 대신 아이가 흠뻑 빠져들 수 있는 재미있고 흥미로운 놀잇감이나 부모나 친구와 함께 놀 수 있는 시간을 많이 마련해주는 것이 필요하다. 유아들이 스마트폰, 컴퓨터를 대신할 만한 놀이나 놀이상대가 없기 때문에 스마트폰, 컴퓨터 게임에 빠지는 경우가 많기 때문이다. 심심함을 달래주는 상대가 스마트폰이나 컴퓨터만이 아니라 형제나 또래, 부모로 대치된다면 유아들은 자연스럽게 컴퓨터와 멀어지게 될 것이다.

Q 컴퓨터는 언제부터 접하게 하는 것이 좋을까요?

A. 꼭 언제부터 접하게 해야 한다는 원칙은 없지만 유아가 단지 게임의 용도가 아닌, 우리 삶에 필요한 도구로서 컴퓨터에 관심을 보이기 시작한다면(예를 들어 컴퓨터 자판의 글자를 보고 이름 쓰기를 시도하거나 날씨나 동물 기르기 정보 등을 원할 때) 그때부터 사용방법이나 기능을 조금씩 익힐 수 있도록 돕고, 무엇보다 컴퓨터의 순기능 측면을 부모와 함께 해볼 수 있도록 한다. 컴퓨터를 접하는 시점에서 게임만 하여 '컴퓨터=게임기, 오락기'가 되지 않도록 해야 한다. 혹시나 일찍 시작해서 중독이 되면 어떻게 할까를 미리 고민하여 무조건 접하지 않게 하거나 금지시키기보다는 일상생활에서 컴퓨터가 올바르게 잘 활용되는 측면부터 시작하는 것이 좋다. 컴퓨터를 일찍 한다고 해서 반드시 중독에 이르는 것은 아니기 때문이다.

기술이 발전하면서, 기술 자체에 주목하는 사람들도 있지만 오히려 인간과 자연에 대해 더욱 관심을 가지고 되짚어보는 사람들이 늘어날 것이다. 이런 현상은 기술 발전에 긍정적인 영향을 미친다. 우리나라에서는 기술과 인간, 그리고 산업과 경제를 습관적으로 분리해서 보는 경향이 있는데, 이들은 실제로 분리해서 볼 수 있는 것이 아니다. 기술이라는 것은 결국 인간 및 자연과 함께 공생하는 것이고, 이들의 공존을 위해서 다양한 시각을 가진 교사가 필요하다. 이에 교사는 학생과 만나는 수업현장에서부터 자신이 지니고 있는 고정적인 사고에서 탈피하여 새로운 지식과 변화에 주목하고 적극적으로 수용하는 태도가 필요하다. 또한, 교육과정에서 교과 내용에 적합한 교수법을 달리하여 적용하는 유연성도 중요하다. 무엇보다 중요한 것은 변화의 흐름 속에서 디지털 시대가 요구하는 교사의 역량을 꾸준히 개발하기 위해 노력하는 교사의 열정일 것이다.

알파고 쇼크를 겪은 우리이지만 우리는 아날로그 감수성이 매우 풍부한 민족이기에 우리만이 가진 아날로그 생명자원을 활용하여 미래 사회를 똑똑하게 대비하여야 할 것이다. 이어령 교수가 "끔찍한 괴물을 만들어낼 수도 있는 인공지능을 '인공지혜(AW, Artificial Wisdom)'로 변화시키는 사명이 우리의 젊은이들에게 놓여 있다."라고 주장한 것처럼 인공지능의 시대에 정말 중요한 질문은 기계가 아니라 인간에 대한 것이라 생각한다. 인공지능 관련 논란의 홍수 속에서 올바른 대처 방안을 찾는 것은 우선 사람을 정확히 아는 것에서 출발한다. 아무리 시대가 급변하여도 우리 교육자는 '사람'을 귀중히 여기고, '사람'에게 더욱 관심을 가져야 할 것이다. 인공지능 시대를 살아갈 우리 아이들이 풍부한 지식이 아닌 사물의 이치를 제대로 깨닫고 이를 바르게 활용할 줄 아는 '지혜'를 가장 먼저 배우도록 도와주어야 할 것이다.

참고문헌

1) https://www.sktinsight.com/91494

2) 연합뉴스(2011). 디지털 기술 갖춘 5G 신개념 놀이터…인천시, 10곳 조성 2018.11.06 https://www.yna.co.kr/view/AKR20181106048600065

3) 이선영 (2017). 제4차 산업혁명 시대의 교육심리학. **한국교육학연구, 23**(1), 231-260.

4) Ryan, R. M., Rigby, C. S., & Przybylski, A. (2006). The motivational pull of video games: A self-determination theory approach. *Motivation and Emotion, 30*(4), 344-360.

5) Bergmann, J., & Sams, A. (2014). Flipped learning: Maximizing face time. *Training & Development, 68*(2), 28-31.

6) 임병노, 임정훈, 성은모 (2013). 스마트 교육 핵심 속성 및 스마트 교육 콘텐츠 유형 탐색. **교육공학연구, 29**(3), 459-489.

7) 천세영 (2012). 스마트교육의 이해, KT경제경영연구소, 2012(2).

8) 이찬승 (2016). 미래사회, 이런 교사만 생존한다. http://21erick.org/bbs/board.php?bo_table=11_5&wr_id=100457

9) 이희숙, 강신천, 김창석 (2015). 플립러닝 학습이 학습동기 및 학업성취도에 미치는 효과에 관한 연구. **컴퓨터교육학회논문지, 18**(2), 47-57.

유아를 위한 디지털

CHAPTER 5

미디어 환경

유아를
위한
디지털 미디어
환경

유아 중심의 디지털 미디어 환경 조성을 위한 제언

앞에서 디지털 미디어에 대한 다양한 탐색이 이루어졌다. 미디어의 개념은 정보를 전송하고 메시지를 전달하기 위한 의사소통 도구에서 우리 삶을 둘러싼 환경의 개념으로 변화되었다. 신문과 텔레비전, 컴퓨터, 인터넷에서부터 각종 앱과 SNS, 스마트기기, 사물인터넷, 가상현실, 인공지능이 등장하면서 디지털 미디어 환경은 인간의 삶에 더욱 큰 영향력을 갖게 되었다. 미디어가 만든 콘텐츠와 운영 플랫폼에 의해 인간은 인식하고 사고하는 방식까지 무의식중에 미디어에 의존하게 되었고 미디어에 의해 통제받는 경우도 발생하고 있다. 디지털 미디어 환경에서 개인은 1:1의 의사소통이 아닌 소셜미디어를 통한 다차원적인 의사소통을 하며, 새로운 정보와 콘텐츠가 빠른 속도로 생성되고 융합되어 유통되고 있다.

그렇다면 유아들은 디지털 미디어 환경에서 무엇을 보고 누구를 만나며 어떤 경험을 하고 있을까? 유아기는 인지와 언어, 사회성, 신체 등이 발달하는 매우 중요한 시기이다. 그러나 현대의 유아들은 태어날 때부터 고도화된 디지털 미디어 환경에 무방비 상태로 노출되고 있다. 따라서 현대 사회의 부모와 교육자, 그리고 미디어 관계자들은 디지털 미디어 환경에서 유아가 어떠한 정체성을 갖고 있고 주체성을 유지하며 성장하는지에 더욱 깊은 관심을 갖고 유아 중심의 교육 환경을 마련해야 한다.

전통적으로 국가나 지역의 고유성에 기반한 정체성이 일반적이었으나 디지털 환경에서는 국가나 지역의 제한성을 이미 벗어나고 있다. 또한 현실의 인물과 가상의 인물이 공존하여 존재하며 각각 다른 정체성을 가질 수 있다. 또한 현실이 아닌 가상공간인 SNS에서 캐릭터 등을 통해 자신의 정체성을 표현하기도 한다. 유아는 과연 어떠한 정체성을 가지고 살아가게 될까? 이들이 청소년과 성인으로 성장한 후 어떠한 생각을 가지고 살아가게 될까? 디지털 세계와 혼합된 현실의 삶에서의 정체성은 전통적인 삶에서의 정체성과는 차이가 있으며 긍정적인 측면도 있지만 정체성의 혼란과 괴리, 대인관계의 갈등 및 사회부적응 등 부정적인 측면도 보이고 있다.

또 다른 질문은 유아는 디지털 미디어 환경 속에서 능동적으로 행동하는가, 주체적인 모습을 보이는가? 아니면 미디어에 의존하여 수동적 수용자로 행동하는가? 이다. 주체성이란 인간이 어떤 일을 실천할 때 나타내는 자유롭고 자주적인 성질을 말한다. 디지털 미디어 환경 안에서 유아가 주체성을 키워나가고 본연의 잠재력을 충분히 발휘할 수 있도록 교사, 부모, 미디어 전문가들의 협력과 지원이 필요하다.

이와 같은 질문에 대한 해답을 찾기 위해 유아를 위한 디지털 미디어 환경 조성을 위한 방향과 관련 해외사례를 함께 제시하였다. 유아의 주체성과 잠재력을 촉진하고, 유아의 사회성과 공동체 정체성을 지원하며, 유아의 감각을 촉진할 수 있는 방향으로 디지털 미디어 환경 조성이 이루어져야 할 것이다. 또한 이를 지원할 수 있는 디지털 미디어 활용 역량 증진을 위한 교사 교육과 유아용 디지털 콘텐츠의 제작 · 유통을 위한 정책 및 제도 강화의 필요성을 설명하고자 한다.

유아의 주체성과 잠재력을 촉진하는 디지털 미디어 환경

유아의 주체성을 발휘할 수 있는 놀이 중심 환경 지원

유아의 디지털 미디어 환경은 교사나 부모가 선정하여 제시된 미디어를 사용하지 않고 유아가 스스로 선택하고 사용할 수 있는 기회를 제공한다. 이를 위해 특히 유아교육기관에서는 다양한 디지털 미디어를 구비하고, 유아와 교사를 대상으로 용도와 사용법에 대해 함께 사전 교육이 이루어져야 한다.

유아들은 혼자 또는 친구들과 함께 능동적이고 자율적으로 행동할 수 있도록 각자의 선택을 존중하는 풍토가 형성되어야 하며 교육과정, 교육매체와 유연성 있는 교실공간의 배치가 조성되어야 한다.

유아가 자발적인 동기로 시작하여 즐겁고 만족감을 주며 정해진 목표 없이 진행되는 활동의 하나로 놀이가 있다. 놀이는 유아가 진행과정을 스스로 통제할 수 있으며 유아의 놀이는 몸을 이용하는 경우가 많아 오감이 발달하는 데 효과적이다. 놀이를 통해 새로운 기능을 배우기도 하고 자신의 감정과 타인의 감정을 이해하고 표현하는 사회관계를 연습하기도 한다. 따라서 유아의 주체성과 자율성을 높이기 위하여 디지털 미디어와 놀이 중심 활동을 접목하여 수행하는 것도 좋은 방법이다. 이 외에도 유아 중심 활동으로 프로젝트 접근법, 디자인 싱킹(design thinking) 접근법, 메이커 활동, 체험학습, 역할놀이 등 다양한 접근이 가능하다.

맞춤형 미디어를 제공하여 디지털 격차의 해소 및 잠재력 개발

디지털 격차*를 해소하기 위해서는 유니버설 디자인(Universal Design) 개념을 적용할 수 있다. 유니버설 디자인이란 '모든 사람을 위한 디자인'이란 개념으로 장애, 경제적 이유, 국적, 나

* 디지털 격차(digital divide)란 정보소유계층과 정보비소유계층 간의 격차를 말한다. 컴퓨터가 발전하면 할수록 인터넷의 효용이 증가하면 할수록 사회계층 간의 격차가 점점 더 커지는 것을 말한다(매일경제용어사전).

이, 성별 등에 관계없이 '함께 성장한다'는 것을 기본 이념으로 한다. 장애아나 소외계층뿐만 아니라 한 명의 낙오자도 없이 모든 학생들에게 동등한 기회를 주고 함께 성장시킨다는 의미를 포함한다. 이를 위해 Barrier Free(거동이 불편한 사람에 대한 계획)와 UI(User Interface, 사용자의 편리성에 대한 적극적인 배려)를 고려한 디자인이 적용되고 있다.

또한 장애인의 디지털 미디어 사용이 용이하도록 맞춤형 앱이 개발되어 제공되고 있다. 시각장애인을 위한 맥의 보이스 오버(Voice over) 기능은 스마트폰이나 컴퓨터의 화면을 말로 풀어주거나 점자로 표시할 수 있다. 구글은 최근 시각 장애인용 인공지능 앱 '룩아웃(Lookout)'을 개발하여 주변 사물, 도로 표지판, 쇼핑 상품 정보, 인쇄물 내용 등을 인식하여 음성으로 제공하고 있다. 또한 청각장애인을 위해 라이브 트랜스크라이브(Live Transcribe)를 개발하여 인공지능을 이용해 대화를 그대로 활자로 옮겨주고 라이브 자막 기능을 제공하고 있다. 장애의 불편함을 해소하는 수준이 아니라 장애인 특성에 맞게 더 작업을 잘할 수 있도록 유용한 기능을 제공하는 것이다. 디지털 미디어는 유아의 특성과 잠재력을 발휘할 수 있는 방향으로 더욱 발전할 것으로 예측된다.

유니버설 디자인 예[1)]

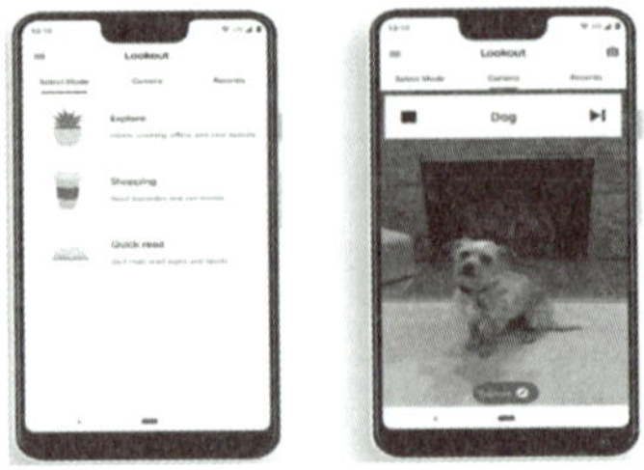

시각장애인용 인공지능 앱 룩아웃

그림 5-1
유니버설 디자인 및 장애인용 인공지능 앱 예시
(출처: 한국학술정보원(2011a); http://www.irobotnews.com/news/photo/201903/16642_38733)

유아의 사회성과 공동체 정체성을 지원하는 디지털 미디어 환경

사회적 관계를 배울 수 있는 디지털 미디어 활동 지원

디지털 미디어 환경에서 유아들은 부모, 친구, 교사 등 다양한 사람들과 연결되며 만날 수 있다. 가정에서, 교실 안에서 또는 바깥 활동에서 이메일, 소셜미디어, 영상통화를 통해 사람들은 대화하고 정보를 교환할 수 있다. 또래 친구들과 스마트패드를 이용해 사진을 찍고 발표하는 활동을 할 수 있고 증강현실 디지털 동화를 함께 보고 이야기할 수 있다. 또 다른 사례로는 애완 로봇견의 다양한 기능(걷기, 뛰기, 춤추기, 노래하기, 말하기, 책읽어주기 등)을 이용하여 로봇과 유아가 상호작용하고 로봇을 매개로 또래와 놀이하면서 유아의 사회적 능력과 정서능력을 증진시킬 수 있다는 연구가 있다.[2)]

애완 로봇견

유아용 증강현실 동화책 [친구할까?]

그림 5-2
유아 사회성 증진을 지원하는 미디어 활용 예시

유아의 실제적 삶과 문화가 반영된 디지털 미디어 활동 수행

디지털 미디어를 활용하여 유아는 다양한 창의적 활동을 할 수 있다. 텃밭에 씨앗을 심고 디지털 카메라를 이용하여 성장 과정을 사진으로 찍어 게시판에 붙일 수 있고, 박물관 체험활동 결과를 친구들과 함께 UCC로 만들 수 있으며, 로봇의 여행길을 만들고 언플러그드 코딩 결과를 실험해 볼 수 있다. 이와 같은 개인활동과 집단활동의 결과물을 함께 전시하고 개인의 활동이 전체를 위한 공헌과 도움이 되었음을 알게 되고 이를 통해 공동체 일원으로서의 정체성을 키울 수 있다. 디지털 미디어를 활용하여 만들어 낸 결과물은 유아의 가족문화, 유아가 소속된 교육기관의 규범과 가치, 지역 고유의 문화 등을 포함하는 것이 좋다. 유아를 둘러싼 실제 문화와 사회관계에 기반한 활동이 유아의 삶과 성장에 긍정적인 영향을 줄 수 있기 때문이다.

디지털 기술을 이용한 개방적 공간 조성

디지털 미디어 환경에서 시간 · 공간적인 제한을 극복할 수 있다. 예를 들어 교육기관 내에서 공간을 구분하거나 통합하는 데 스마트 유리(Smart Glass) 기술을 이용할 수 있다. 평상시에는 교실과 복도를 불투명한 벽으로 구분하여 분리된 공간으로 사용하지만, 필요에 따라 스마트 유리 기술을 이용하여 투명한 벽으로 전환하여 하나의 공간과 같이 사용할 수 있다. 교실에서 만들기 활동을 하는 유아들과 복도에서 관찰 활동을 하는 유아들은 분리된 공간에서 다른 활동을 집중하여 수행하다가, 공간이 통합된 경우에는 서로의 활동 과정을 공유할 수 있다.

또한 교육기관 밖에서 숲체험 활동이나 현장체험 활동을 할 경우에도 무선인터넷과 스마트기기를 통해 교실 내에서의 활동을 연결할 수도 있고 야외에서 필요한 자료를 검색하거나 체험 활동 결과를 사진이나 영상으로 촬영하여 클라우드에 전송

그림 5-3
스마트 미디어와 QR코드를 활용한 숲체험 보물찾기 게임

하여 보관할 수 있다. 예를 들어 숲체험 활동을 스마트미디어를 활용하여 더욱 심도 깊게 탐색하고 확장하는 활동도 가능하다.[3][4] 이 외에 가정과도 커뮤니티 기능을 통해 소통할 수 있으며 지역사회의 공동체와도 상호교류를 할 수 있다.

유아의 감각을 촉진하는 디지털 미디어 환경

유아의 오감 발달을 지원하는 미디어 환경

유아는 감각을 통해 현실을 탐색하고 해석할 수 있는 능력을 갖고 태어난다. 예를 들어 유아가 진한 초록, 연한 초록, 회색빛이 섞인 초록, 보랏빛이 섞인 초록 등 다양한 색을 보고 칠해보는 경험을 한 경우 또는 두꺼운 종이, 얇은 종이, 울퉁불퉁한 종이, 맨질맨질한 종이 등 다른 점을 세밀하게 만져보고 사용해본 유아와 스크린 속의 영상을 보며 마우스를 클릭하고 스크린 터치만을 장시간 지속한 유아를 비교하면 사물과 현상에 대한 지각과 사고의 수준에 큰 차이를 보이게 될 것이다. 리모콘이나 마우스를 클릭하는 행위, 스크린을 터치하는 행위, 자극적인 영상을 보는 행위는 일시적인 시청각적 자극을 줄 뿐 유아의 다양한 감각을 지원하지는 못한다.

유아를 대상으로 한 코딩교육 프로그램 사례로 신체게임을 활용한 놀이코딩을 개발한 연구가 있다. 코딩의 12가지 하위요소 개념을 신체게임 도구인 파라슈트, 점프트위스트 등을 적용하여 놀이코딩 프로그램으로 개발하고 유아의 창의적 사고력과 기본운동능력에 미치는 효과를 살펴본 것이다.[5] 이와 같이 유아에게 디지털 미디어 환경을 제공할 때는 유아의 오감 발달을 지원하고 있는지를 항상 염두에 두어야 한다. 실제 사물과 미디어를 통합하는 기술을 활용하거나 오감을 활용하는 프로그램을 적용하려는 노력이 필요하다.

런던국립자연사박물관 가상현실 체험관

인형 모양의 코딩로봇과 카드

디지털 러그를 이용한 모둠수업[6]

3D 프린터를 이용한 제작

그림 5-4
유아의 오감 발달을 촉진하는 미디어 활용
(출처: http://www.nhm.ac.uk; http://www.albert.school; 한국교육학술정보원(2011b))

'아뜰리에'에서 디지털 미디어와 통합된 메이커 스페이스로 전환

최근 학교에 구축되고 있는 메이커 스페이스는 레지오 에밀리아의 아뜰리에와 매우 유사한 컨셉이다. 레지오 에밀리아 학습 환경 중에는 아뜰리에라는 미술적 표현 공간이 있다. 다양한 재료와 도구들이 배치되어 있고 유아들은 매체를 선택하여 자유롭게 표현할 수 있다. 아뜰리에는 미술교육을 전공한 아뜰리에스타가 담당한다. 아뜰리에스타는 다른 교사들과 협력하여 유아의 창의적인 활동과 관찰하고 지원한다. 또한 유아의 사고과정과 타인과의 상호작용 과정을 기록하여 작품결과와 함께 게시하여 유아의 성장을 관찰 · 분석할 수 있다.

라이트 박스 위에서 다양한 블록으로 탐색하는 아이들의 모습

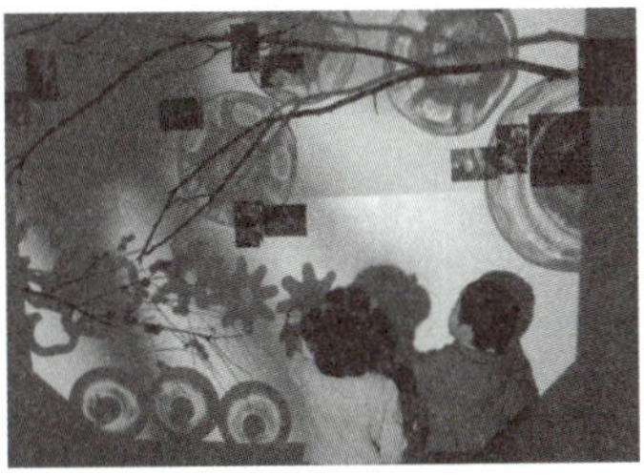

여러 가지 매체를 빛과 함께 탐색해보고 다양한 놀이를 경험하는 공간이다.

그림 5-5
레지오 에밀리아의 학습환경
(출처: http://www.kgnews.co.kr/news/articleView.html?idxno=333923)

메이커 활동은 디지털기술을 활용한 창작 활동 및 몰입 경험, 손으로 직접 조작하는 체험, 만들면서 배우기(Learning by Doing)의 특징을 가진다. 유아교육기관은 메이커 활동이 가능한 공간인 메이커 스페이스를 구축하기에는 공간적인 제한이 많다. 그러나 기존의 미술 활동과 만들기 활동에 테크놀로지나 디지털 기기를 함께 이용한다면 쉽게 메이커 활동으로 전환할 수 있다.

이 과정에서 유아가 아이디어를 구성하고 이를 구현하기 위하여 친구들과 협동하며 창의적으로 문제해결하는 과정을 경험할 수 있다면 메이커 활동 목적을 달성한 것으로 볼 수 있다.

손으로 만들기 / 도구를 이용하여 만들기 / 디지털로 만들기

그림 5-6
메이커 스페이스 예시[7]
(출처: 한국교육학술정보원, 2018)

디지털 미디어 활용 역량 증진을 위한 교사 교육

유아가 미디어를 올바른 방법으로 경험할 수 있도록 지원하기 위해서는 교사도 미디어에 대한 능동적인 이용자이면서 창조자가 되어야 할 것이다. 교사가 디지털 미디어를 생활 속에 의미 있게 사용하고, 유아에게서 새로운 경험과 탐색을 이끌어내기 위해 아이디어를 내고, 유아의 성장과정을 유아, 학부모, 교사, 지역사회가 공유하고 성찰할 수 있다면 디지털 미디어는 매우 효과적인 교육매체가 될 것이다.

미디어 리터러시 역량은 미디어의 특성 이해, 미디어의 비판적 이해, 미디어를 통한 창의적 표현, 미디어를 통한 사회적 의사소통, 미디어 활용 윤리를 포함한다. 유아교사가 미디어 리터러시 역량을 갖출 수 있도록 예비교사의 교육과 현장교사의 재교육이 실시되어야 한다. 또한 교사 커뮤니티를 통해 새로운 교육매체와 교육방법의 실천 사례를 지속적으로 상호 교류할 수 있도록 지원되어야 한다.

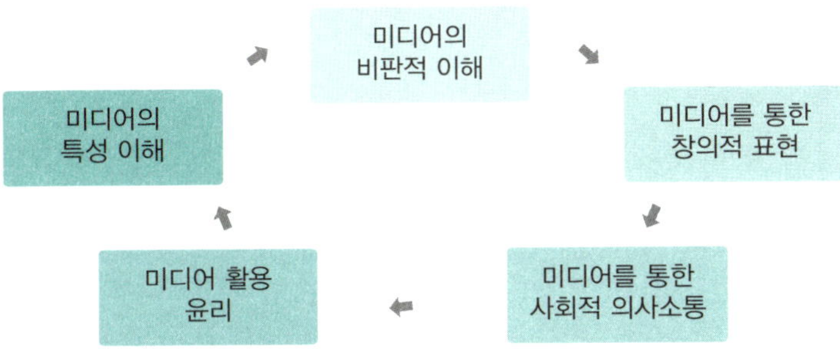

그림 5-7
미디어 리터러시 역량의 구성 요소[8]

유아용 디지털 콘텐츠의 제작 · 유통을 위한 정책 및 제도 강화

디지털 미디어 콘텐츠 제작 및 유통과 관련하여 정부부처는 유아의 발달에 적합하고 교육적 가치를 가진 우수한 콘텐츠를 제작하기 위해 국가적으로 정책과 제도를 강화할 필요가 있다. 유아용 콘텐츠의 제작과정에서 유아교육전문가 참여와 사용성 테스트를 통한 검증이 필수로 진행되어야 하며, 최종 콘텐츠에 대한 품질검증절차와 유해 콘텐츠에 대한 강력한 규제가 이루어져야 한다. 방송통신심의위원회에서 청소년보호법에 근거하여 유해매체를 규제하고 있다. 그러나 웹툰이나 전자책은 간행물윤리위원회, 게임과 영상물은 각각 게임물등급위원회와 영상물등급위원회가 담당한다. 각 위원회별로 위반 기준이 다르기 때문에 유해매체에 대한 강력한 규제가 어려운 실정이다. 정부뿐 아니라 플랫폼 사업자에 대한 자율규제가 시행되고 있으나 소극적인 수준이고 최근 1인 방송 등 개인 콘텐츠가 급증하면서 모호한 규제기준으로 인해 유해성에 대한 문제가 발생하고 있다. 유해성이란 콘텐츠 언어의 부적절성, 선정성, 폭력성, 사생활 침해, 반사회적 내용 등을 포함한다. 유해한 미디어는 유아 및 청소년에게 심각하게 부정적 영향을 미치게 되므로 이에 대한 대책이 시급하고 강력한 규제가 시행되어야 한다. 특히 디지털 미디어 제작 또는 플랫폼 사업자의 경우 유아와 청소년에 대한 책무성을 갖고 콘텐츠의 유해성 방지를 위한 자체 검증 기준을 강화하고 사용자 연령기준에 따른 안내 및 사용자 가이드라인을 구체적으로 제공해야 할 것이다.

해외의 혁신적 교육환경 사례*

미국 샌디에이고 디자인 39 캠퍼스 [디자인 싱킹 교육환경][10]

배경

디자인 39 캠퍼스(D39C)는 미국 캘리포니아주 샌디에이고 근처의 파웨이 통합 학군(Poway Unified)의 공립학교이다. 이 학교는 2014년 8월에 만들어졌으며 유아교육과정부터 중학생을 대상으로 한 학교로 약 1,150명의 학생이 재학 중이며 다양한 인종의 학생이 다니고 있다. 디자인 39 캠퍼스는 능동학습 경험을 촉진하기 위해 디자인 싱킹(Design Thinking)을 기반으로 교육과정이 구성되었으며 협업, 창의력, 비판적 사고를 중요시하는 교육철학을 지향한다. 150명의 어린이들과 5~6명의 학습경험설계자(Learning Experience Designers)가 하나의 팟(POD)을 구성하여 학생들이 몰입하여 배우고 싶은 학습주제를 스스로 선택하도록 한다. 학생들은 학습경험설계자, 선배, 자원봉사자의 도움을 받아 자유롭게 탐색하며 자신의 숙련도와 능력에 기반하여 속도를 조정하며 학습할 수 있다.

* 이 내용은 2020년에 한국교육학술정보원에서 발간한 교육환경 혁신 정책 동향 및 방향 탐색 보고서를 발췌, 요약한 것이다.[9]

그림 5-8
디자인 39 캠퍼스-개인, 소그룹, 대그룹 작업을 위한 공동 작업실(Collaboratory)
(출처: http://design39campus.com)

교육환경 특징

디자인 39 캠퍼스의 특징을 보면 학년별로 한 학급이 이루어지는 것이 아니라 유사학년 학습모둠인 팟(POD) 단위로 구분한다. 또한 학생 활동공간은 학습 스튜디오(Learning Studio), 메이커리(Makery), 공동 작업실(Collaboratory), 로프트(Loft), 갤러리(Gallery)로 구성되어 있다.

팟(Pod)

팟은 학생들과 학습경험설계자(Learning Experience Designers: LEDs)로 구성된 학습모둠을 말하며, 유치원생~초등학교 1학년 팟, 초등학교 2~3학년 팟, 초등학교 4~6학년 팟 등과 같이 유사 연령의 학생들을 하나의 팟으로 구성하여 운영한다. 학습경험설계자는 팟에서 촉진자 및 지원자로서의 역할을 수행하며 학생들이 주도적으로 활동할 수 있도록 도움을 준다.

학습 스튜디오(Learning Studio)

학습 스튜디오에는 넓은 공간과 쉽게 이동시킬 수 있는 집기들이 배치되어 있다. 각 스튜디오마다 벽면에 화이트보드가 부착되어 있다. 이 벽들은 프로젝션이나 학생들의 메모나 스케치에 사용된다. 여러 개의 화이트보드 벽이 있어서 공간에서 '정면'이라는 개념이 사라지고 어떤 벽면도 이동식 프로젝터와 소모품을 이용해 쉽게 활용할 수 있다.

메이커리(Makery)

각 팟에는 전자제품의 분해와 조립, 진공청소기 및 컴퓨터의 용도 변경, 새총 제작, 기계공학 공부, 예술적 체험, 장난치기 등을 위한 메이커리라 불리는 메이커 공간이 있다.

이동식 가구와 카트가 있는 학습 스튜디오

메이커 교육을 위한 공간–메이커리

그림 5–9
D39C의 학습 스튜디오와 메이커리

공동 작업실(Collaboratory)

대규모 공동 작업실은 팟을 위한 공간으로 일반적인 학교 공간보다 라운지처럼 활용될 수 있는 공간이다. 공동 작업실은 공동 작업, 개별 작업, 발표를 위한 공간을 제공한다. 각 실험실에는 카펫이 깔려 있으며, 가구, 이동식 테이블, 의자, 다양한 크기의 호키 스툴, 화이트보드, 카메라, 충전 스테이션이 있다. 연령대가 가장 어린 팟에는 학생들이 개방형 공간인 콜라보라토리(Collaboratory)와 이미지네이션 스테이션(Imagination Station) 등을 활용하여 해당 공간을 시장이나 상점으로 구성할 수 있으며 이러한 활동을 통해 수학 등 기본학습을 배울 수 있다.

로프트(Loft)

도서관인 로프트*는 교실 건물 안에 위치하며, 한 면이 개방되어 있다. 다른 룸과 마찬가지로 소그룹, 대그룹이 모두 이 공간을 활용할 수 있으며 점심시간에도 열려 있는 공간이다. 크고 작은 회의실에서 여러 활동을 동시에 진행할 수 있다. 또한 자율 시스템을 통해 책을 대출한다. 로프트 내에는 컴퓨터실이 있지만 BYOD(Bring Your Own Device) 제도와 학교 전체에서 디바이스를 사용하기 때문에 컴퓨터가 따로 설치되어 있지 않다.

* 로프트(loft)는 창고나 공장을 개조한 형태로 높은 천장 구조를 가지므로 복층, 다락방 등 공간을 다양하게 활용할 수 있다.

갤러리(Gallery)

갤러리는 로프트(loft) 아래에 위치하며, 개방형 계단과 연결되어 있고, 학생들이 테드(TED) 강연 스타일의 발표를 할 수 있는 캠퍼스 공용 공간이다. 매립형 층별 좌석과 세 개의 벽면 스크린도 장착되어 있다.

이탈리아 카데오-폰테 누레 종합학교 [도서관 활용, 개방형 커뮤니티][11]

배경

카데오-폰테 누레 종합학교(Istituto Comprensivo di Cadeo and Pontenure)는 3~14세 학생 1,330명이 다니고 있다. 이 학교는 교실에 이동이 용이한 가구와 편안한 쿠션을 배치하여 구성하였고, 인터랙티브 칠판과 노트북, 태블릿 PC 등 다양한 테크놀로지를 도입하였다. 또한 음악실에 다양한 악기와 인터랙티브 칠판 등을 두고 음악회를 열어 이 실황을 온라인으로 중계할 수 있다. 150~200명을 수용할 수 있는 대형 강당의 경우 지역사회 세미나 및 각종 행사를 위해 대여해주는 등 지역과의 연계가 활성화되어 있다.

학교는 혁신적인 교육환경의 구축을 가속화하고 테크놀로지 도입에 대한 교사들의 반감을 최소화하기 위해 교사들 간에 협업과 토론을 통한 교사들의 능동성을 촉진하여 교육혁신을 실현하고 있다.

교육환경 특징

도서관

이 학교의 수업시간표는 모든 학생이 도서관을 이용할 수 있도록 하는 방식으로 꾸며져 있다. 도서관에서 학생들은 독립적 활동과 소그룹 활동을 선택할 수 있다. 도서관은 밝은 색깔의 쿠션과 열린 공간을 갖추고 있으며 학생들은 자신의 프로젝트 수행을 위해 자유롭게 집기를 이동하여 작업할 수 있다. 또한 옥외 도서관에서는 정원에 가구를 내놓아 학생들과 교사들이 마음대로 책을 읽을 수 있으며 실내 도서관에서 대여할 수 있는 아이패드를 보면서 작업할 수 있는 환경을 조성하였다.

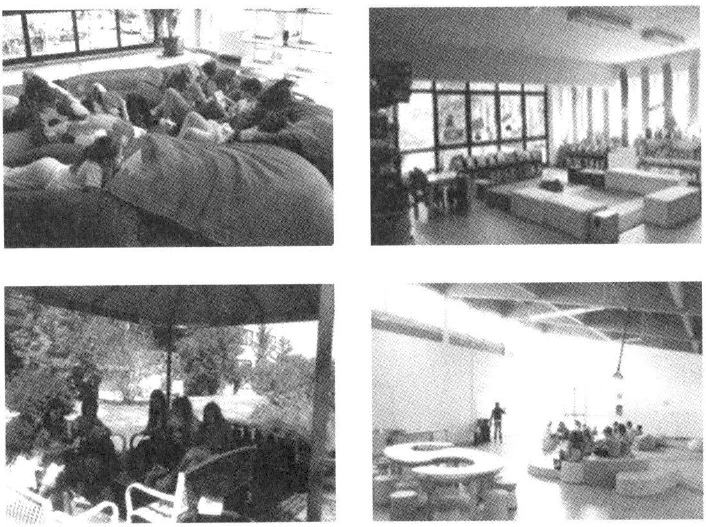

그림 5-10
이탈리아 카데오-폰테 누레 종합학교-학습공간

테크놀로지의 활용

모든 교실에는 인터랙티브 칠판이 설치되어 있다. 학생과 교사들은 아이패드를 이용할 수 있고 지난 4년 동안에 걸쳐 고학년 학생들이 아이패드를 할부로 구입할 수 있도록 하는 프로그램이 도입되었다. 학생들은 소그룹으로 학습하도록 권장된다. 이들은 책이나 공책을 갖고 작업을 할 수 있지만 숙제를 아이패드로 완성할 수도 있다.

스위스 로이첸바흐(Leutschenbach)의 종합학교 [열린 공간, 복합화][11)]

배경

스위스의 로이첸바흐(Leutschenbach)의 종합학교(Gesamtschule)는 유치원에서 중학교(4~16세)까지 27개 반으로 구성되어 있으며 520명의 학생들이 다니고 있다. 학교에 다양한 목적으로 활용될 수 있는 대형 열린 공간을 만들어 학습공간의 활용을 극대화하고 있다. 학교의 일부 시설은 탁아서비스 및 지역사회 활동 등 다른 목적으로도 활용되고 있다. 학교 건물은 유리로 둘러싸인 정육면체 모양으로 상부층은 스포츠 시설로 사용되고 있으며 학교 주위의 공간은 놀이터나 지역 주민들을 위한 레크리에이션 공간으로 사용된다.

그림 5-11
스위스 로이첸바흐의 종합학교-학습공간 1

교육환경 특징

협업을 촉진하는 열린 교실

이 학교의 목표는 유연한 학습을 가능하게 하는 것이며, 특히 협업 학습 환경을 조성하고자 하였다. 네 개의 교실이 공통의 열린 공간을 공유하고 있어서 최적의 공간 활용이 가능하며 각기 다른 반과 다른 연령대의 학생들이 함께 협업하여 학습하기에 편리하다.

그림 5-12
스위스 로이첸바흐의 종합학교-학습공간 2

테크놀로지의 활용

취리히에서 모든 학교들은 노트북을 갖고 학교에 오는 것을 적극 권장하고 있다. 학생들은 집에서 자신의 컴퓨터를 갖고 올 수 있고 학교에서 제공하는 노트북을 사용할 수도 있다. 와이파이는 학교 어느 곳에서나 쓸 수 있어서 학생들과 교사들은 이를 통해 얼마든지 교류가 가능하다. 학교는 태블릿 PC와 인터랙티브 칠판을 갖고 있지 않지만 이동 가능한 프로젝터를 설치해 놓고 있다. 테크놀로지 지원이 잘 되고 있으며 인프라도 안정적이다. 학교 건물이 환경 친화적으로 건설되어 있기 때문에 학교 내에 많은 영역에서 테크놀로지가 제공되고 있으나 학습공간 내에 테크놀로지가 눈에 띄지 않게 설계되었다.

미래의 학습공간 디자인 엿보기

학습공간과 테크놀로지의 효과적인 통합

최신 기술인 5G, 인공지능, 사물인터넷, 빅데이터 등의 테크놀로지를 학교 공간에 내재적으로 통합할 경우 미래교육에서 추구하는 다양한 교육의 목표를 달성하는 데 도움이 될 것으로 연구되고 있다.[7] 교수 · 학습을 효과적으로 지원하기 위해서는 첨단 테크놀로지와 공간이 효과적으로 통합될 필요가 있다. 테크놀로지는 교수 · 학습뿐만 아니라 쾌적하고 안전한 교육환경을 조성하는 데 기여할 수 있다. 사물인터넷을 통해 온도와 습기를 자동으로 조절하고 미세먼지에 대응하여 쾌적한 교실 환경을 조성할 수 있다. 또한 인공지능과 통신기술을 통해 어린이의 행동을 모니터링하고 위험 요소를 통제하여 안전한 교육 환경 조성이 가능하다.

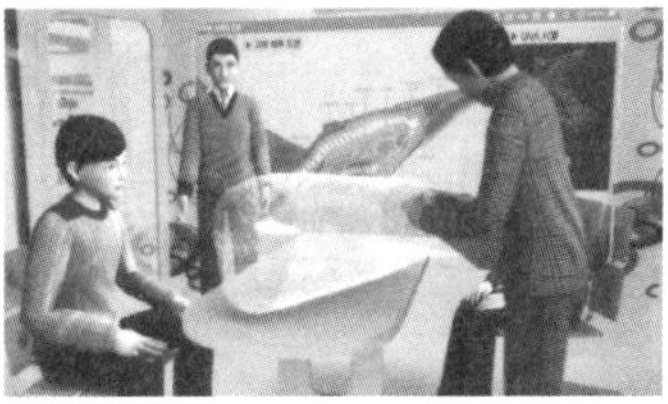

실험실습실 (해부학 수업)

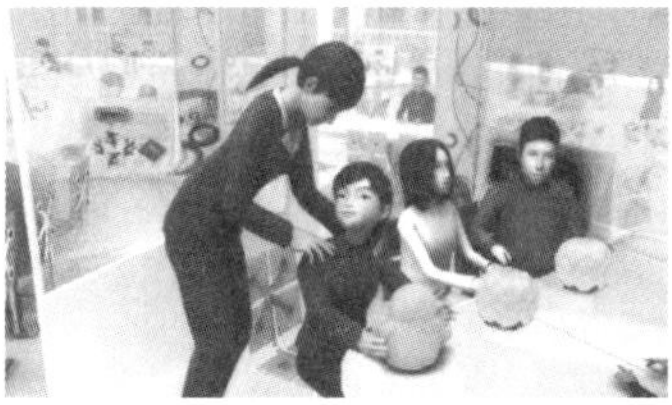

창작실 (미술수업)

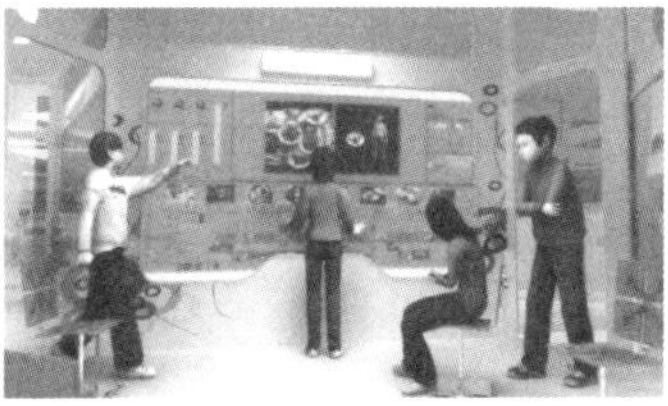

미디어 제작실

평생교육실

통합관제실

원격 상담

그림 5-13
테크놀로지를 통합한 교육환경[6]

일본은 Society 5.0 개념을 내세우며 노령화로 인한 생산인구의 만성적 부족에 따른 대안으로 디지털혁명을 통해 초스마트 사회로 전환하고, 웨어러블 로봇, 인공지능, 첨단의료기술 개발 등을 통해 4차 산업혁명을 개인의 라이프 스타일과 접목하는 정책을 추진하고 있다. 또한 일본 초 · 중등학교에 IoT와 AI를 접목한 학습지도요령을 고려한 시설 지침을 제공하여 교육적 목적과 사회적 요구를 반영한 교육 환경 개선을 진행하고 있다.[12][13] 우리나라의 경우에는 미래학교 연구를 기반으로 시범학교를 운영하고 있는데 이 중 참샘초등학교가 대표적인 학교이다. 참샘초등학교는 2012년에 선진화모델 학교로 설립되었으며 학생 중심의 교육방법을 실현할 수 있는 최신 테크놀로지 기반의 학습공간과 시설을 갖추고 있다. 스마트기기와 디지털 교과서 활용 교실, 원격화상학습실, 3D가상체험실, 로봇을 활용한 영어학습실 등을 활용한 수업을 진행하였고 국내 및 해외에 스마트 교육의 선진사례로 알려져 있다.

스마트기기와 디지털교과서 활용 수업

원격화상학습실

그림 5-14
참샘초등학교 교육 환경
(출처: http://charmsaem.sjedues.kr)

휴식공간, 개성공간, 소통공간 등 생활공간 확대

학습공간을 구성할 때에는 어린이들이 이 공간에서 학습만 하는 것이 아니라 신체적 · 정서적 발달의 장소이며 생활의 장소임을 고려해야 한다. 따라서 학습영역과 보조학습영역과 분리된 놀이 및 생활공간을 확보할 필요가 있다. 이 외에도 어린이들을 위한 휴식공간, 개성을 살릴 수 있는 개성활동공간, 자유로운 소통공간 등 다양한 공간을 구성하는 것을 권장한다. 예를 들면 어룡초등학교 생활공간을 보면 교실과 각 층별로 휴식공간을 배치하였으며 동아리공간, 놀이공간을 확보하고 있다.

그림 5-15
미래학교의 생활공간(창작공간, 휴식공간, 개인코쿤)[6]

학습자 참여형 공간 설계

교수 · 학습을 효과적으로 지원하기 위해서는 공간의 목적과 활동을 고려한 공간 설계가 이루어져야 한다. 이를 위해서는 공간 설계에 있어 사용자 참여 설계가 필수적이다. 학습 공간의 사용자인 교사, 학생, 학부모, 지역사회는 지금까지 학습공간 설계에 능동적으로 참여하지 못하였다. 행정가와 건축가가 설계한 공간에서 가구나 일부 시설의 배치와 같은 제한적인 범위 내에서 참여해 왔다. 이러한 소극적인 참여는 학습공간이 사용자의 활동을 충분히 지원하지 못하는 결과를 가져왔다. 미래교육을 효과적으로 지원하기 위해서는 사용자의 능동적인 참여가 요구된다. 학교의 비전을 도출하고, 비전을 달성하기 위한 목표와 전략을 수립해야 한다. 그리고 전략을 효과적으로 달성하기 위한 공간의 활용방안을 함께 모색하는 과정이 필요하다. 우리나라에서 시도되고 있는 학습자 참여형 공간 설계의 사례로는 학교 공간 혁신 사업*, C-Program 배움의 공간**, 광주 마지초등학교 엉뚱공작소*** 등이 있다. 학습자에게도 자신이 공부할 학습공간의 설계 권한을 부여한다면 구현된 공간에 대한 주인의식을 갖게 될 것이며 이러한 참여과정 자체가 다양한 요구를 가진 사람들과 협력하는 창의 · 융합 학습의 장이 될 것으로 본다.

학습공간의 복합화

저출산 고령화로 인해 학생 수는 감소하고 노인인구가 증가하고 있다. 이에 따라 학교의 이용 수요는 감소하고 있으며 반면에 노인과 지역주민을 위한 공공시설은 부족한 것으로 나타나고 있다. 일본의 경우 학교를 문화교육시설(사회교육, 사회체육),

* http://www.학교공간혁신.kr

** http://c-program.org/learningspace

*** http://www.maji.es.kr

사회복지시설(아동복지, 고령자복지), 장애자지원시설로 활용하고 있다.[12] 즉, 학교와 지역주민센터 또는 학교와 지역 도서관의 복합화를 통해 지역의 평생 학습 시설로 사용할 수 있으며, 초등학교에 어린이집 · 유치원을 설립하여 유아-초등 교육과정의 연계, 시설의 공동 활용, 인적자원 교류를 촉진할 수 있다. 학습공간의 활용도를 높이는 디자인을 통해 지역주민의 재교육 및 문화 활동을 위해 학교의 컴퓨터실, 음악실, 강의실, 강당, 도서관, 스포츠 시설을 사용하게 된다면 학교는 제한된 학업공간에서 지역사회 중심 기관으로 역할이 변화될 것이다.

앞에서 살펴본 것과 같이 디지털 네이티브의 특징을 갖춘 어린이들의 교육을 위해 국내뿐 아니라 해외에서도 새로운 교육방법을 도입하고 교육환경을 조성하기 위한 노력이 적극적으로 이루어지고 있다. 테크놀로지와 공간의 접목, 생활공간의 확대, 참여형 공간 설계, 학습공간의 복합화의 전략은 미래의 학습공간 디자인을 위한 사회적 · 기술적 변화와 요구에 근거한 것이다.

향후 유아를 위한 미래 교육 환경 디자인을 위해서는 유아를 위한 디지털 미디어 환경 조성에 대한 제언과 미래 학습공간 디자인 전략을 고려해야 할 것이다. 또한 사용자 참여형 설계과정을 통해 학부모, 교사, 유아, 건축분야 전문가가 함께 유아의 잠재력을 개발하고 성장을 돕는 즐거운 학습공간을 만들기 위해 호흡을 맞춰 첫걸음을 시작해야 될 것으로 본다.

[읽을거리] 부모와 교사를 위한 유아 스마트폰 과의존 관찰표

유아가 컴퓨터 및 모바일 미디어를 활용할 때 과의존 증상이 나타날 수 있으므로 교사와 부모의 세심한 관찰과 지도가 필요하다.

■ 스마트폰 과의존 관찰표

번호	항목	전혀 그렇지 않다	그렇지 않다	그렇다	매우 그렇다
1	스마트폰 이용에 대한 부모의 지도를 잘 따른다.				
2	정해진 이용 시간에 맞춰 스마트폰 이용을 잘 마무리한다.				
3	이용 중인 스마트폰을 빼앗지 않아도 스스로 그만둔다.				
4	항상 스마트폰을 가지고 놀고 싶어 한다.				
5	다른 어떤 것보다 스마트폰을 갖고 노는 것을 좋아한다.				
6	하루에도 수시로 스마트폰을 이용하려 한다.				
7	스마트폰 이용 때문에 아이와 자주 싸운다.				
8	스마트폰을 하느라 다른 놀이나 학습에 지장이 있다.				
9	스마트폰 이용으로 인해 시력이나 자세가 안 좋아진다.				

출처: 한국정보화진흥원 스마트쉼센터(https://www.iapc.or.kr)

진단결과에 따라 일반 사용자군, 잠재적 위험 사용자군, 고위험 사용자군으로 분류되며, 잠재적 위험 사용자군과 고위험 사용자군은 과의존 위험군으로 볼 수 있으므로 이에 대한 지도 및 조치가 필요하다.

구분		내용
일반 사용자군	진단결과	부모의 통제에 따라 스마트폰 사용 시간이 조절되고 있어서 갈등이 발생하지 않고 일상생활의 주요 활동이 스마트폰으로 인해 훼손되는 문제가 발생하지 않는 상태로 ICT 역량 발달을 위한 기본 조건을 충족시키고 있는 상태
	지도 및 조치방법	스마트폰을 건전하게 활용하기 위한 보호자의 지속적인 점검이 요구된다.
잠재적 위험 사용자군	진단결과	스마트폰 사용에 대한 부모의 통제에 따르지 않는 양상이 종종 관찰되며, 그로 인해 부모-자녀 갈등이나 일상의 놀이/학습 문제가 발생하기 시작한 단계로 ICT 역량 발달에 부정적 영향을 미칠 위험성이 존재하는 상태
	지도 및 조치방법	스마트폰 과의존 위험을 깨닫고 스스로 조절하고 계획적으로 사용하도록 노력하며, 이를 위한 보호자의 지원이 요구된다. 스마트폰 과의존에 대한 주의가 요망되며, 학교 및 유치원 등 관련 기관에서 제공하는 건전한 스마트폰 활용 지침을 따른다.
고위험 사용자군	진단결과	스마트폰 사용에 대한 부모의 통제에 저항하며 일상생활의 상당 시간을 스마트폰 사용에 소비하고자 하며 그로 인해 부모-자녀 갈등이나 일상의 놀이/학습 문제, 신체건강 문제 등이 심각하게 발생한 상태로 ICT 역량 발달을 지체시킬 위험성이 높은 상태
	지도 및 조치방법	스마트폰 과의존 경향성이 매우 높으므로 관련 기관의 전문적인 지원과 도움이 요청된다.

참고문헌

1) 한국교육학술정보원 (2011a). **미래학교 디자인 가이드북**. 한국교육학술정보원.

2) 이하원, 신원애 (2019). 개정 누리과정 사회관계영역에 기초한 로봇 놀이활동 [ROBO-RANG] 모형 개발과 적용: 유아의 사회적능력과 정서능력 향상을 중심으로. **2019년 한국어린이미디어학회 추계학술대회 자료집**. 한국어린이미디어학회.

3) 서희전 (2014). u-러닝 통합 생태체험활동이 유아의 환경 친화적 태도와 정서지능에 미치는 효과. **열린유아교육연구, 19**(2), 447-472.

4) _____ (2017). 숲-유치원-가정이 연계된 스마트러닝 환경에서 유아 창의 · 인성 활동의 개발 및 적용. **유아교육연구, 37**(4), 779-809.

5) 이혜정 (2019). 신체게임을 활용한 놀이코딩 프로그램 개발. **2019년 한국어린이미디어학회 추계학술대회 자료집**. 한국어린이미디어학회.

6) 한국교육학술정보원 (2011b). **미래학교 체제 도입을 위한 Future School 2030 모델 연구**. 한국교육학술정보원.

7) 한국교육학술정보원 (2018). **메이커스페이스 학습 환경 구축 가이드라인 개발 연구**. 한국교육학술정보원.

8) 지옥정, 서희전, 계보경, 고영미, 권이정, 김미애, 김혜정, 임수진 (2018). **유아교육과 미디어 활용**. 창지사.

9) 서희전 (2020). 교육환경 혁신 정책 동향 및 방향 탐색. 한국교육학술정보원.

10) Basye, D., Grant, P., Hausman, S., & Johnston, T. (2015). *Get Active: Reimagining learning spaces for student success*. International Society for Technology in Education (ISTE), Virginia.

11) Banniste, D. (2017). Guidelines on exploring and adapting learning spaces in schools. European Schoolnet (EUN partnership AISBL).

12) 문부과학성 (2019a). 향후 초 · 중학교 시설의 이상적 방향에 대해: 아동 · 학생의 성장을 지원하는 바람직한 환경 조성을 목표로 하여. 일본 문부과학성.

13) 문부과학성 (2019b). 초등학교 시설 정비 지침. 일본 문부과학성.

맺는 말

본문에서 계속적으로 강조한 것은 '디지털 미디어 또한 소양 교육이 필요하다.'라는 명제이다. 그렇기에 소양교육이 시작되는 유아기에는 일관성 있는 디지털 미디어 리터러시 교육이 필요하다. 좋은 부모와 교사가 되는 일에 마술은 없다고 한다. 디지털 페어런팅과 디지털 리터러시 교육 또한 마찬가지로 부모와 교사 모두의 협력적 노력이 필요하다. 디지털 사회를 살아가는 우리에게 중요하고 필요한 교육은 최첨단화된 새로운 매체를 다루는 교육보다는 어느 시대에서나 그랬듯이 '서로간의 따뜻한 상호작용' 즉, 부모와 자녀, 교사와 자녀 간의 따뜻한 상호작용을 할 수 있는 방법을 교육하는 것이다.

아이의 손에 들린 디지털 기기를 일일이 통제하고 감시하는 것이 우리의 역할이 아니라 부모나 교사는 아이들이 왜 디지털 기기에 과몰입할 수밖에 없는지를 공감하고, 이들에게 적극적인 멘토가 되어 주어야 한다. 부모부터 일상생활 속에서 필요한 정보를 디지털 미디어 기기를 통해 찾고 정보를 습득한 후에는 미디어기기를 내려놓고 가족끼리의 시간이 얼마나 소중한지 보여줌으로써 가족과 함께 있는 시간에는 서로가 서로에게 '연결되는 것'에 대한 가치를 더욱 소중히 여길 수 있도록 모범을 보여주는 것이 필요하겠다. 부모는 최첨단 매체를 자녀에게 선물하기보다는 자녀의 건강한 미디어 습관을 만들어주는 것이 중요하다는 인식을 가질 필요가 있다. 또한 유아교육기관에서의 교사는 아이들이 디지털 매체를 활용하여 유아가 교실에서 즐겁게 배우는 방법에 대해 더 많은 고민을 해야 한다. "우리에게는 더 조금, 그들에게는 더 많이(Less Us, More Them)"라는 말과 같이 유아들에게 디지털 매체의 사용에 대해 더 많은 권한과 책임을 주는 것을 두려워하기보다는 유아들이 디지털 매체를 활용하여 놀이할 때 교사 자신이 개입하는 부분을 최소화하면서 유아 스스로 조작해보고, 만져보는 것을 통해 내재된 구성주의 학습이 일어날 수 있도록 '알아가는 과정을 돕는 협력자(collaborator)'의 역할을 하는 것이 필요하다. 이렇듯 디지털 미디어를 활용한 교육 활동들은 유아들이 흥미를 갖는 부분에서부터 시작할 수 있고, 그 환경적 뒷받침이 '제3의 교사'이기에 디지털 미디어 환경 속에서 유아가 과연 어떠한 정체성을 갖고 있으며 주체성을 유지하며 성장하는지에 더욱 깊은 관심을 갖고 유아 중심의 교육 환경을 마련해야 한다. 디지털 미디어 환경 조성의 방향은 유아의 주체성과 잠재력을 촉진하고, 유아의 사회성과 공동체 정체성을 지원하며, 유아의 감각을 촉진할 수 있는 디지털 미디어 환경 조성이 이루어져야 할 것이다.

가정에서나 유아교육기관에서나 건강한 디지털 시민의식을 형성하도록 하는 교육은 우리 아이에게 중요하고, 우리 가족에게 유익하며, 우리 사회에 꼭 필요한 소양이라는 인식을 가지고, 부모-교사 모두 디지털 네이티브인 아이들에게 좋은 멘토가 되어주는 것이 필요하다. 디지털 네이티브가 이 세상을 지혜롭게 활보할 수 있도록 키워내는 것은 우리에게 달린 숙제이다. 디지털 미디어/매체 사용에 대한 작은 생각의 변화가 소중한 자녀, 내가 가르치는 유아의 행동, 습관, 관계 그리고 인생을 바꿀 수 있다.

찾아보기

| 인명 |

| 내용 |

ㄱ

ㄷ

ㄹ

저자 약력

이 연 승

이화여자대학교와 동 대학원에서 유아교육 전공으로 학사와 석사 및 박사학위를 받았다. 한국유아교육학회 회장을 역임하였으며, 한국사회과학연구(SSK)를 통해 '학제간 융합실천 모델로서의 R-러닝 기관평가 인증체제 모형개발연구'를 수행하였으며, '융합인재교육', '로봇기반교육', '부모교육' 관련 다수의 연구를 수행하였다. 현재 경성대학교 유아교육과 교수로 재직 중이며, 유아교육과 로봇(E&R) 연구소 책임교수로 연구활동을 지속하고 있다.

서 희 전

연세대학교에서 교육학을 전공을 하였고, 이화여자대학교 대학원에서 교육공학 전공으로 석사 및 박사학위를 받았다. 한국교육개발원 컴퓨터교육연구센터와 한국전자통신연구원 디지털콘텐츠 연구단에서 교육정보화 및 첨단교육미디어에 대한 연구를 수행하였으며, 현재 동명대학교 유아교육과에 재직 중이다. 관심분야는 유아교육에서의 디지털 미디어 활용, 미래교육 모델 및 미래학습 환경, 유아 창의 · 인성 교육, 유아를 위한 지역사회 교육 네트워크 주제에 관심을 갖고 연구하고 있다.

변 선 주

경성대학교에서 유아교육전공으로 학사학위를, 한국교원대학교에서 교육학 석사 및 박사학위를 받았다. 유아민주시민교육, 유아수학교육, R-러닝, 유아멀티미디어교육 관련 연구를 수행하였다. 인천재능대학교 유아교육과 조교수로 근무하였으며, 구글 교육자 모임인 GEG Incheon과 유아교육과 로봇(E&R) 연구소에서 연구활동을 지속하고 있다. 현재 충북연구원 청년연구자사업을 통해 디지털 페어런팅과 디지털 리터러시 연구를 진행하고 있다.

조 경 미

경성대학교에서 유아교육전공으로 학사학위를, 동 대학원에서 교육학 석사 및 박사학위를 받았다. R-러닝 관련 연구 및 첨단매체 활용 콘텐츠 개발 및 교사 연수를 수행한 바 있으며, 한국사회과학연구(SSK)를 통하여 에콰도르에서 로봇기반 수업진행 및 현지 교원 대상 연수를 실시하였다. 최근에는 Google Certified Educator 자격을 취득하였으며, 유아교육과 로봇(E&R) 연구소 객원연구원으로 '유아첨단매체', '유아 디지털교육', '디지털리터러시', '디지털페어런팅' 관련 연구활동을 지속하고 있다. 현재는 부산경상대학교 유아교육과 조교수로 재직 중이다.

디지털 네이티브가 태어나다

1판 1쇄 인쇄 2020년 6월 25일
1판 1쇄 발행 2020년 6월 30일

지 은 이 | 이연승 서희전 변선주 조경미
기 획 | 한국유아교육학회
발 행 인 | 박철용
발 행 처 | 양서원
주 소 | 경기도 파주시 직지길 522 파주출판도시
전 화 | 031-955-8000(代)
팩 스 | 031-955-8005
홈페이지 | www.yswpub.co.kr
이 메 일 | yswgroup@naver.com
출판등록 | 1987년 11월 24일 제406-2003-037호

ISBN 978-89-994-1010-9

정가 15,000원